가짜 대화에서 진짜 대화로
꿈의 대화, 정서중심 대화

가짜 대화에서 진짜 대화로

꿈의 대화, 정서중심 대화

From False Conversation to Genuine Conversation:
Emotionally Focused Therapy

성혜옥 저

학지사

프롤로그

"우리는 대화를 할 때마다 관계를 맺는다."

아름다운 이야기가 있는 곳, 미담(美談)상담센터를 오픈한 뒤 많은 사람을 만났다. 이혼을 앞두고 찾아오는 부부, 아이에게 문제가 있어 상담을 시작했다가 구성원 모두 상담을 받은 가족, 직장과 연애, 진로 문제로 힘들어하며 개인 상담을 받기 원하는 사람들을 만났다. 이들을 만나 이야기를 들으며 공통적으로 겪는 고통을 보게 되었다. 그것은 바로 가까운 사람, 소중한 사람, 사랑하는 사람과의 관계 속에서 겪는 어려움이었다. 가장 소중한 사람에게서 안정적인 사랑과 지지를 받지 못할 때 사람들은 고통에 빠졌다.

힘든 일을 겪고 있을 때, "그랬구나. 네 마음이 그랬구나."라고 알아만 주어도 마음이 풀린다. 갈등이 심할 때라도 "나는 입장이 달라서 네 의견에 동의하지는 않지만 네 입장에서는 충분히 그렇게 생각할 수 있겠네."라고 얘기하면 마음이 연결되면서 갈등이 수그러든다. 여자들이 수다를 떨고 나면 마음이 개운하다고 하는데, 이는 누군가 내 마음을 알아주기 때문이다. 마음을 알아주면 원하는 대로 일이 진행되지 않아도 마음이 풀린다. 말 한마디로 천 냥 빚을 갚는다는 말이 있는데, 이는 그 사람의 마음을 정확하게 알아주어 시원하게 해 주는 말일 터다.

고통스러운 관계에는 되풀이되는 부정적인 감정, 생각, 행동의 고리가 있었다. 상황과 사건은 매번 달라지지만 달라지지 않고 되돌이표처럼 반복되는 부정적 고리는 비난이나 공격으로 표출되고 있었다. 힘든 관계는 관련된 사람들 자체가 문제여서가 아니라 관계 패턴과 대화 패턴의 문제임을 보게 되었다. 관계 안에서 대화를 어떻게 하느냐가 소중한 사람과 정서적 유대감을 갖게 하는 관건임을 보게 되었다.

고통을 겪고 있는 사람들 중 일부는 자신의 마음을 말하지 못했다. 자신의 마음을 표현하지 않고도 상대가 자신의 마음을 알아주길 원했다. 상대방이 그 마음을 알지 못해 정서적인 욕구가 충족되지 않을 때 박탈감, 상실감, 거절감, 버림받음의 부정적 감정을 느끼며 괴로워했다. 또 어떤 사람들은 자신의 마음과는 정반대로 표현하면서 자신의 마음을 모른다며 고립감과 외로움으로 고통스러워했다. 정말 원하는 것은 말하지 못한 채 비난하거나 공격했다. "당신을 좋아하고 필요로 한다."는 말을 "이것도 못해? 저것도 못해?"

로 표현하고 있었다.

고통에 빠진 사람들은 상처받은 진짜 마음을 얘기하지 않고 더이상 상처받지 않으려고 세게 보이거나 더 나은 사람으로 보이기 위해 가짜 대화를 했다. 서로의 마음 깊은 곳에서는 사랑하고 좋아하는 마음이 있으면서도 가짜 대화로 서로 상처를 주고 있었다. 관계가 회복되려면 감정을 드러내야 한다. 사람들은 관계를 회복하고 싶어 하면서도 감정은 드러내지 않는다.

대화가 달라지면 관계도 달라진다. 사람들의 회복은 대화의 방식이 달라질 때 시작됐다. 마음을 드러내지 않는 대화는 가짜 대화다. 자신의 속마음을 표현하고 다른 사람의 마음을 알아주는 대화가 진짜 대화다. 나는 이런 대화를 꿈의 대화라고 부른다. 꿈의 대화는 서로의 감정을 드러내며 마음이 이어지는 대화다. 내가 말하는 것을 내 마음같이 알아주고 상대방의 말도 상대방이 의도한 대로 알아주는 대화, 이런 대화가 꿈의 대화다. 이런 대화를 하고 나면 마음이 따뜻해지면서 어떤 일이든 도전할 수 있는 힘이 생긴다.

소중한 사람과 마음이 이어지면 안정적인 애착관계가 만들어지고 자기 가치감이 올라간다. 많은 사람이 마음을 표현하는 꿈의 대화, 정서중심 대화를 할 때 자존감이 회복되면서 관계가 회복되고 가족이 살아났다. 나는 이 책에서 정서적인 대화가 얼마나 중요한지 다루고 싶었다.

이 책의 Chapter 1은 상민과 혜진 씨 부부의 사례를 통해 마음과 달리 상처를 주고받는 부부의 대화를 보여 주었다. 이런 대화는 부부간의 관계에 악영향을 끼쳤을 뿐 아니라 이를 보는 딸아이의 마음을 불안하게 함으로써 일탈행동을 하도록 영향을 미쳤다. 상담을 통해 마음을 표현하고 읽어 주는 대화를 함으로써 서로의 진심을 알게 된 부부는 "도대체 우리가 왜 싸웠던 건지 모르겠다."고 했다. 상민과 혜진 씨 부부뿐만이 아니다. "우리는 도대체 대화가 안 된다."며 파탄 지경에 이르렀던 부부 대부분이 서로의 마음을 표현하는 대화를 하고 나면 그런 말을 한다. 그동안 마음속 얘기를 하지 않는 가짜 대화를 했기 때문이다.

Chapter 2에서는 대화가 잘 안 되는 이유, 즉 가짜 대화를 하게 되는 이유를 살펴보았다. 대화가 잘 안 되는 이유는, 첫째, 상대의 마음이 이럴 것이라고 추측하고 해석하기 때문이다. 거의 순식간에 일어나는 이 과정은 상대방도 나처럼 느끼고 생각할 것이라는 투사 (projection) 과정으로 본인의 생각과 감정을 상대의 것으로 여겨 오해와 갈등을 낳는다. 둘째, 이렇게 추측하고 해석하는 이유는 상대에게 물어서 확인받아야 할 것을 묻지 않기 때문이다. 묻지 않으니 추측하게 된다. 눈치껏 알아서 하는 것을 조장하는 우리 사회의 문화적인 환경도 한몫을 할 것이다. 셋째, 내가 한 말이나 행동에 대해 상대가 어떻게 생각하는지 피드백을 받지 않기 때문이다. 이러면 일방적인 관계가 되고 한쪽이 부담을 안으며 종국적으로는 관계가 파괴된다. 넷째, 비난하고 공격하는 대화방식 때문이다. 비난과 공격은 자기 문제를 상대에게 전가하는 행위로 자신의 모습을 보지 못해서 생기는 일이다. 자신과 씨름해야 할 것을 다른 사람을 비난하고 공격하며 회피하는 것이다. 다섯째, 자신이 정말 말하고 싶은 속마음을 말하지 못하기 때문이다.

Chapter 3에서는 사람마다 자주 쓰는 가짜 대화의 패턴이 있는데 이런 대화 패턴이 어린 시절 가정에서 만들어지는 과정을 보여 주었다. 추측하고 해석하는 대화를 하거나 피드백을 받지 않거나 자기 마음을 얘기하지 못하는 가짜 대화를 하게 되는 이 패턴이 어디에서 온 것인지, 자신의 대화 패턴을 찾아 가는 과정을 보여 주었다.

Chapter 4에서는 누구나 자신의 마음을 얘기하고 상대의 마음을 알아주는 꿈의 대화, 정서중심 대화를 할 수 있는 단계를 소개했다. 먼저, 상대방이 아닌 나에게 포커스를 맞추어 내 마음을 들여다보고 좋은 사람으로 보이거나 세 보이기 위한 가짜 대화가 아닌 진정으로 원하는 것을 표현하며 이에 대한 상대방의 반응을 물어본다면 누구라도 꿈의 대화를 할 수 있다. 소중한 사람과 갈등이 있을 때, 사랑하는 사람에게 인정받지 못했을 때, 가까운 사람에게 깊은 상처를 받았을 때 여기 소개한 단계를 거쳐 꿈의 대화를 할 수 있다면 그 관계는 아무리 힘든 상황이었더라도 회복이 가능하고 새로운 관계로 변화할 수 있을 것이다.

이 책이 나오기까지 많은 분의 도움이 있었다. 먼저, 책을 통해 소통에 힘들어하는 사람들을 도울 수 있도록 지혜를 주신 하나님께 감사와 영광을 돌린다. 다음으로 정서중심치료에 관한 내 강의를 듣고 이를 대화에 관한 책으로 기획하고 전문적인 내용을 대중적인 내용으로 만들어 준 출판기획자 고준영 님께 감사드린다. 예쁜 책을 만들어 주신 출판 관계자들께도 깊은 감사를 드린다.

아울러 좋은 책이 나올 수 있도록 후원해 주신 많은 분과 책을 만드는 과정에서 힘들 때마다 아낌없는 격려와 사랑을 준 동생 미정이에게 감사를 전한다. 끝으로 상담실에서 아픈 이야기를 나누고 회복과 치유를 경험하며 성장함으로써 마음의 새로운 에너지를 느끼게 해 주었던 내담자들에게 감사드리며, 인생의 든든한 후원자가 되어 준 사랑하는 남편 이영국과 창환, 혜림 두 자녀에게 이 책을 바친다.

아름다운 이야기가 있는 미담상담센터에서

성혜옥

차례

Chapter 1

폭발하거나 침묵하는
우리의 대화

말만 하면 싸우는 부부

주말에 마트에서

불볕더위가 한창인 8월의 주말. 휴가 간 팀원의 일을 떠맡아 하느라 힘들었던 상민 씨가 소파에 누워 TV를 보고 있다. "여보, 나 조금 있다가 마트 갈 건데 당신도 같이 가." 아내 혜진 씨는 주말이면 남편에게 마트에 가자는 얘기를 자주한다. "나 오늘 피곤한데 당신 혼자 갔다 와." 상민 씨는 주말이면 아무것도 하지 않고 뒹굴거리고 밀린 잠도 자고 싶었다.

아 내: 당신 지난주에도 힘들다고 혼자 다녀오라고 했잖아. 장 볼

게 많아서 혼자 못 가.

남　편: 나 없었으면 어떡할 뻔 했어?

아　내: 나 먹을 거만 사오는 거 아니잖아. 당신하고 예은이 먹을 거
　　　　사러 가는 거지.

남　편: 알았다, 알았어.

혜진 씨는 주말이면 늘어져 있는 남편이 안쓰럽기도 하고 보기
싫기도 했다. 되도록 이런 저런 활동을 하도록 부추기는 것이 남편
을 돕는 것이라고 생각했다. 마트에 혼자 갈 때마다 가족끼리 장 보
러 와서 시식 코너에도 들리고 외식도 하는 사람들이 부러웠다. 고
2인 딸 예은이를 데리고 마트에 갈 수는 없다. 그래서 남편의 눈치
를 보며 되도록 같이 가려고 한다. 상민 씨는 억지로 대답을 하고
나서도 마음이 편치 않았다. 집에서조차 쉴 수 없는 것이 피곤하다.
집안이 편하려면 아내가 하자는 대로 해야 하는 데 대해 남편으로
서 무력감을 느꼈고, 자주 아내가 자신을 괴롭힌다는 생각이 든다.

불볕더위인 바깥 날씨와는 달리 대형마트 안은 시원하다. 혜진
씨는 마트에만 오면 기분이 좋다. 과일, 야채, 생선 등 식품코너에
들어서면 살아있는 느낌이 든다. 식품부 행사 코너에는 포도 상자
가 잔뜩 쌓여 있다. "오늘 포도 세일이네. 한 상자 사야겠다." 상민
씨도 포도에서 나는 달콤한 향에 찌뿌둥한 몸이 좀 나아지는 것 같
았다. 혜진 씨는 잡곡 코너에서 한참 이것저것을 뒤적이더니 발아

현미에 렌틸콩을 샀다.

아　내: 당신 오늘 저녁 뭐 먹고 싶어?

남　편: 삼겹살 구워먹을까?

아　내: 삼겹살 먹으면 콜레스테롤이 높아진대. 생선이 좋겠다. 당
　　　　신 무슨 생선 먹고 싶어?

남　편: 갈치는 어때?

아　내: 갈치는 생 갈치를 사야하는데 너무 비싸. 쭈꾸미 볶음 해
　　　　먹자.

남　편: (묻지나 말지.)

혜진 씨는 쭈구미와 호박, 당근, 양배추 등을 카트에 담았다. 야
채를 듬뿍 넣고 쭈꾸미 볶음을 해서 맛있게 저녁을 먹을 생각을 하
니 기분이 좋았다. 상민 씨는 혜진 씨가 물어보기만 하고 의견을 받
아들여 주지 않는 것이 기분 나쁘다.

아　내: 즉석 냉면이랑 비빔국수가 있네. 여름에 한번쯤은 먹어 줘
　　　　야지. 뭘로 할까?

남　편: 알아서 해.

아　내: 당신은 맨날 알아서 하라 그러더라. 벌써 가고 싶은 거야?

남　편: (짜증이 난다.) 아니야. 이제 뭐 살 거야?

아　내: 둘러보면서 뭐 살 거 있나 봐야지.

남　편: 마트가 무슨 놀이터야. 뭐 살 건지 미리 계획해 뒀다가 그 코너로 가서 바로 바로 사야지.

아　내: (마트에만 오면 짜증을 낸다니까. 미리 계획 세워서 오라니…… 여기가 무슨 회사야?) 둘러봐야 뭐가 싼지, 좋은 게 나왔는지 알지.

혜진 씨는 겨우 끌고 나온 남편이 내내 부루퉁해 있는 것 같아서 화가 난다. 장을 보는 것이 다 가족을 위한 일인데 마치 자신이 큰 일을 해 주는 것처럼 여기고 서두르기만 하는 것이 영 못마땅하다. 상민 씨는 아내가 필요한 물건을 얼른 사서 나갈 생각을 하지 않고 장터 구경 온 사람처럼 이리저리 둘러보는데 짜증이 났다. 빨리 집으로 가서 쉬고 싶은 생각뿐이다.

아　내: 여보, 이제 식품류는 다 산 거 같으니까 2층에 가서 당신 운동복 좀 보자.

남　편: 옷은 무슨 옷? 나 피곤하다고 했잖아. 얼른 가자니까. (내 말은 귀담아 듣지를 않아. 자기 하고 싶은 대로만 하는군.)

아　내: 당신이 맨날 같이 오는 것도 아니고 옷을 입어 보고 사는 게 좋잖아. 매일 피곤하다고 하니까 운동 좀 하라고. (이 사람은 왜 이렇게 의욕이 없고 소극적일까? 정말 끌고 다니기 힘들다 힘들어.)

남　편: (당신이 이러는 게 더 피곤해.) 됐어. 다음에 사.

아　내: (마트에 같이 올 때마다 기분 상한다.) 알았어. 같이 오자고 한

　　　게 잘못이지.

두 사람은 마트에서 나와 집에 도착할 때까지 한 마디도 하지 않았다. 혜진 씨는 사온 식품들을 냉장고에 넣고 식탁 의자에 털썩 주저앉았다. 기운이 쭉 빠졌다. '이게 뭐지? 기분 좋게 함께 나갔다가 싸늘해져서 들어온 게 한두 번이 아냐. 도대체 저 사람은 왜 나가기만 하면 사람 기분을 상하게 하는 거야? 도대체 내가 뭘 잘못했느냐 말이야. 자기 운동하라고 옷 사준다는 게 그렇게 화를 낼 일이냐 구!' 기분이 가라앉았다가 남편에 대한 화가 끓어올랐다가 종잡을 수 없는 마음이었다.

상민 씨는 마트에서 돌아오자마자 안방으로 들어가 침대에 누웠다. 스마트폰으로 뉴스를 봤다. 좀 쉬는 느낌이 들었다. 부엌에서 저녁 준비를 하는 아내에게 생각이 미치자 짜증이 밀려왔다. '저 사람은 주말에 내가 집에 있기만 하면 가만 놔두지를 않아. 나가자고 하거나 집안일을 못시켜서 안달난 사람 같아. 이럴 거면 아예 회사에 나가는 게 낫겠다.'라고 생각한다. 상민 씨는 내적으로 갈등 상태에 있지만 아내에게 감정을 표현하지 못하고 억압한다. 그 역기능으로 에너지의 흐름이 내면으로 향하면서 부정적 감정이 올라오

기 시작했다.

    아   내: 예은아, 저녁 먹자. 아빠 저녁 드시라고 해.

남편은 식탁에 앉아 묵묵히 밥을 먹는다.

    아   내: 예은아, 오늘 쭈꾸미 볶음 맛이 어때?
    딸   : 맛있어요.

혜진 씨는 남편에게는 맛이 어떠냐고 묻지 않는다. 상민 씨도 아무 말 없이 밥을 먹는다. 예은이는 아무 말 없이 식사를 하는 아빠와 아빠에게 눈길도 주지 않는 엄마 얼굴을 번갈아 본다. 두 사람은 대화가 힘들어지면 중간 대상인 자녀를 통해 대화를 한다. 부모가 이런 식으로 대화를 하면 자녀는 자신이 잘해야 부모가 싸우지 않을 것이라는 생각에 엄청난 부담을 안게 된다. 자녀는 자주 부모의 눈치를 살피며 불안해한다.

남편 생일에 시댁 식구들과

"아비야, 생일 축하한다. 네 덕분에 아주 잘 먹었다. 어미가 생일 상을 잘 차렸네." "그래. 갈비찜이 아주 맛있더라. 올케는 갈비집해도 되겠어." 본가 식구들이 잘 먹고 칭찬까지 하자 기분이 좋아진 상민 씨는 주방에서 뒷정리 중인 혜진 씨에게 소리를 친다. "여보, 어머니랑 누나 가실 때 갈비찜하고 잡채 좀 싸드려." 상민 씨가 말을 안 해도 싸드려야겠다는 생각을 하고 있던 혜진 씨는 언짢다. "(내가 알아서 싸 줄 텐데 꼭 저런다니까.) 알았어요." 알아서 하려다가도 남편이 이렇게 나서면 하고 싶지 않다. 솔직히 김이 샌다. 혜진 씨가 알아서 챙겨 드리면 혜진 씨 입장도 살고 남편 얼굴도 세워질 텐데……. 고생은 본인이 하고 생색은 남편이 내는 것 같아 얄밉기도 하다. '아무튼 시댁하고 사이 좋아지게 하는 방법을 몰라.' 음식을 나누어 주면서도 흥이 나지 않는다. 지난 설에도 그랬다. 시댁에 가려고 나서는 데 남편이 물었다.

남　편: 여보, 배 상자 들어온 거 챙겼어?
아　내: 아니, 그거 우리가 먹으려고 놔뒀는데.
남　편: 갖고 가야지. 어머니 배 좋아하시잖아.
아　내: 예은이가 찬바람만 들면 계속 기침이잖아. 배청이랑 배숙 좀 해 먹이려고 놔뒀어.
남　편: 예은이 건 따로 사서 해 주고, 들어온 건 임금님 진상품이라 잖아. 가지고 가.

혜진 씨는 기관지가 약해 찬바람만 불면 기침을 달고 사는 예은이에게 배청과 배숙을 만들어 먹이고 싶다. 하지만 남편은 좋은 선물이 들어오면 시댁에 보내고 싶어 했다.

> 아　내: 당신, 그럼 우리 부모님한테 그 진상품 가져가자는 얘기는 왜 안 해?
> 남　편: 뭐? 여기서 처갓집 얘기가 왜 나와?
> 아　내: 임금님 진상품이라 가져가자며. 그렇게 좋은 거 나도 우리 부모님한테 드리고 싶어서 그래.
> 아　내: 무슨 소리하는 거야? 우리 부모님 드리는 게 그렇게 못마땅해?
> 남　편: 당신 뭐 좋은 거 있으면 부모님 가져다 드리고 싶지? 나도 우리 부모님 가져다 드리고 싶어.
> 남　편: 명절 때마다 이래야겠어? 빨리 챙겨서 나와.

결국 배 상자는 시댁으로 가져갔고 혜진 씨는 남편이 자기만 못된 사람을 만들었다고 생각한다. '이 사람하고는 뭐가 맞는 게 없어.' 혜진 씨는 속으로 이렇게 생각한다. 상민 씨는 '이 사람하고는 쉽게 넘어가는 게 없어.'라고 생각한다. 이 부부는 남편과 아내 모두 자신의 속마음을 상대에게 표현하지 못하고 긴장된 관계를 유지하고 있다. 상대에 대한 부정적인 정서를 억압하면서 상대의 행동에 대해 지적하거나 비난하는 관계 패턴을 보인다.

동창들과 가는 남편의 여행

남　편: 나 이번 주말에 동창들하고 여행가기로 했어.

아　내: 이번 주말이라고? 며칠 안 남았네. 어디로 가는데?

남　편: 거제도.

아　내: 거제도를 하루 만에 갔다 올 수 있어?

남　편: 그래서 1박 하고 올 거야.

아　내: 남자들끼리 1박 2일씩이나?

남　편: 여자애들도 있어. 초등학교 동창 모임이거든.

아　내: 그래?

　　혜진 씨는 찜찜하다. 주변에서 초등학교 동창생들끼리 만나다가 바람났다는 얘기를 많이 들었던 터다. 갑자기 불안한 마음이 든다. 하지만 못 가게 하면 자신만 우스워질 것 같아 가만히 있는다. 상민 씨는 금요일 저녁 일찍 들어와 여행갈 준비를 했다. 주말마다 아내 등쌀에 시달리다가 모처럼 여행 갈 생각을 하니 기분이 좋다. 여자 동창들도 같이 가는 거라 신선한 여행이 될 것 같은 기대감도 있다. 하지만 별다른 마음은 없다. 남자 애들하고 가면 술판만 벌이는데 여자 애들이 있으면 좀 다를 거라는 생각 정도다.

　　남　편: 여보, 나 왔어.

아 내: 잘 다녀왔어?

남 편: 응. 오랜만에 여행을 가니 좋더군.

아 내: 여자들도 있는데 좋았겠지.

남 편: 그게 아니라 거제도도 좋고, 거기 섬들이 좋더라고.

아 내: 뭐했어?

남 편: 회 먹고 노래방 가고 근처 섬 관광했지.

아 내: 좋았겠네.

남 편: 지자체들이 열심이라 우리나라도 볼거리가 꽤 있어.

아 내: 그 좋은데 우리 식구들하고는 안 가?

남 편: 응?

아 내: 남들하고는 좋은데 놀러 다니고 우리 식구들하고는 왜
　　　안 가?

남 편: 예은이가 낼 모레 고 3인데 어딜 가?

아 내: 그러니까 예은이 고 3 되기 전에 한 번 가야지. 그리고 뭐
　　　그 전에는 갔어?

남 편: 알았어, 알았어.

상민 씨는 잘 놀고 와서 또 아내에게 시달리는 느낌이다. '이 사람하고는 말만 하면 싸움이 되네. 말하기가 무서워.' 앞으로는 되도록 말을 하지 말아야겠다고 생각한다. 혜진 씨는 '남들한테 하는 거 반 만이라도 식구들한테 마음 좀 쓰면 좋겠어. 이 사람은 나도 예은

이도 싫은가 봐. 맨날 뭘 하자고 잡아끌어야 하니 피곤하고 짜증스러워.' 남편이 저 멀리 있는 것 같이 느껴졌다.

두 사람은 대화를 하면서 상대에게 자신의 속마음을 말하지 않는다. 자신의 욕구와 감정을 상대에게 말하지 못하고 자신 안에서 해결한다. 두 사람 간에 해야 할 상호작용을 혼자서 내적으로 하고 있다. 내 안에 있는 감정이 밖으로 나가면 편안한데 말하지 못하고 가지고 있으면 안에서 갈등이 생기면서 분열이 일어난다. 결국 많은 에너지를 소모하게 된다.

딸아이의 일탈

학교에서의 전화

예은이 선생님에게서 문자가 왔다. "어머니, 저 예은이 담임입니다. 이번 주 시간 되시면 학교로 한번 와주시겠어요?" '무슨 일이지?' 문자를 보는데 가슴이 철렁한다. "선생님, 안녕하세요? 예은이한테 무슨 일 있나요?" "예은이 일로 의논드릴 일이 있어서요. 오시면 말씀 드릴게요." "그럼 내일 갈게요. 몇 시가 편하세요?" 혜진 씨는 다음 날로 약속을 정하고 학교로 갔다. 선생님은 기다리고 있다가 반갑게 맞아 주었다.

담　임: 어머니, 갑자기 연락을 받아서 놀라셨죠?

아　내: 네, 선생님. 어제 선생님과 연락하고 밤새 한잠도 못 잤어요. 우리 예은이가 무슨 사고를 쳤나요?

담　임: 아, 예은이가 요즘 자주 조퇴를 하는데 집에 무슨 일이 있는지 궁금해서요.

아　내: 조퇴요? 집에 오는 시간은 늘 같았는데……. 예은이가 요즘 조퇴를 한다는 건가요?

담　임: 집에 일이 있다고 일주일 내내 조퇴를 했습니다.

아　내: 우리 애가 조퇴를 하고 어디를 간다는 거예요?

담　임: 전 집에서 알고 계시나 했는데 역시 모르셨군요. 그게…… 화장을 진하게 하고 유흥가에 있다가 선생님께 걸렸습니다.

아　내: 아니, 그게 무슨 말씀이신지요?

담　임: 어머니, 예은이가 술집에서 친구들과 어울려 술도 마시고 담배도 피우는 것 같습니다.

혜진 씨는 심장이 벌렁거리고 입이 말라 아무 말도 할 수가 없었다. 아직 앳된 얼굴로 식탁에서 밥을 먹는 예은이의 얼굴이 떠올랐다.

아　내: 선생님, 그게 정말인가요?

담　임: 네, 어머니. 예은이가 2학기 들어서 자주 조퇴를 하고 좀 달라졌다 했는데 최근에만 유흥가에서 두 번이나 걸렸어요. 그 때마다 화장을 진하게 하고 술에 취해 있어서 선생님들도 놀랐습니다.

아 내: 아니 그럴 리가요. 집에 올 때는 늘 교복을 입고 있었는데요.

담 임: 아이들이 사복을 싸가지고 와서 지하철 화장실에서 갈아입는 것 같습니다. 화장도 거기서 하고요.

아 내: 이게 무슨 일이죠? 선생님께서 말씀하시니 사실일 텐데 믿기질 않네요.

담 임: 안 믿기실 거예요. 1학년 담임 선생님께서 예은이가 얌전하고 성실한 학생이었다고 하더군요.

아 내: 그랬어요. 지금도 집에서는 1학년 때하고 똑같아요. 전 매일 학원 갔다 늦게 온다고 생각했는데 그게 아니라는 말씀이네요.

담 임: 매일인지는 모르겠지만 학원에만 가는 것은 아닌 것 같습니다. 어머니께서 예은이와 얘기를 해 보시는 것이 좋겠습니다.

아 내: 네. 예은이하고 얘기를 해 볼게요.

담 임: 혹시 상담 선생님의 도움이 필요하시면 말씀해 주세요. 학교에도 선생님이 계시고 소개해 드릴 상담센터도 있습니다.

혜진 씨는 집에 어떻게 돌아왔는지 기억이 나질 않는다. 집에 돌아와 아무도 없는 거실에서 통곡을 했다. 예은이가 어떤 상태에 있는지 두려웠다. 예은이 방에 가서 한참을 우두커니 앉아 있었다. 침대 위엔 예은이가 좋아하는 강아지 쿠션이 놓여 있다. 예은이는 그 쿠션이 없으면 잠이 들지 않는다며 털이 다 빠졌는데도 버리질 않는다. 혜진 씨는 쿠션을 쓰다듬으며 다시 큰소리로 울었다. 11시 30분 쯤 예은이가 돌아왔다. "어? 엄마가 왜 내 방에서 나와?" "빨래 한 거 가져다 놓느라고." 혜진 씨는 평소와 다름없는 예은이의 얼굴을 보자 안심이 됐다. 아까 선생님과 얘기했던 것이 아주 먼 옛날의 일처럼 느껴졌다. 예은이와 무슨 말을 해야 할 것 같은데 갈피가 서지 않아 아무 말도 못했다.

그날 밤, 남편과의 대화

12시가 넘어 들어온 남편을 붙잡고 얘기를 꺼냈다.

아 내: 오늘 예은이 학교에 다녀왔어.
남 편: 왜? 무슨 일 있어?
아 내: 우리 예은이가 일주일째 학교에서 조퇴를 했대.
남 편: 아니, 왜?

상민 씨의 언성이 높아진다.

아　내: 예은이가 진하게 화장을 하고 유흥가를 돌아다닌대.

남　편: 뭐? 그게 무슨 소리야?

아　내: 도저히 믿기지가 않아. 어떡해야 할지 모르겠어. (나 무섭고
두려워.)

남　편: 예은이는 뭐래?

아　내: 뭐라고 얘기를 꺼내야 할지 몰라서 아무 말도 못했어. (당신
이 도와줘.)

남　편: 당신은 뭐하는 사람이야? 집에서 딸내미가 뭐하고 다니는
지도 모르고. (걱정되고 불안하다.)

아　내: 난 학원 잘 다니고 있는 줄 알았지.

남　편: 집 구석에서 잘한다. 회사 일도 정신없는데 내가 애까지 챙
겨야 돼? 아들도 아니고 딸은 엄마가 챙겨야지. (당신을 믿었
는데…….)

아　내: (같이 걱정은 못할망정 남의 일 얘기하듯 하네.) 예은이가 내 딸
만 되는 거야?

남　편: 이 사람이 지금! 화가 나는 것 참고 있는 것 안 보여? 애가
잘못되는 것도 모르고 있었으면서 뭘 잘했다고!

아　내: 그러는 당신은 뭐했는데? 내가 당신이랑 무슨 말을 해!

다음 날, 딸과의 대화

엄　마: 예은아, 요즘 무슨 일 있니?

　딸　: 아니. 왜?

엄　마: 나 어제 네 담임 선생님 만나고 왔다.

　딸　: 엄마가 우리 학교에 왔었다고?

엄　마: 그래. 선생님이 네가 화장도 짙게 하고 유흥가로 돌아다닌
　　　　다고 하시더라.

　딸　: 그래서 불려간 거야?

엄　마: 너 조퇴도 한다며? 조퇴하고 어디를 가는 거니?

　딸　: …….

혜진 씨는 설마하며 물었는데 사실인 것 같다. 예은이의 반응을
보니 예은이가 갑자기 낯설어졌다. 이제껏 알던 딸 같지 않았다.

엄　마: 예은아, 그 말이 사실이야? 엄마는 믿기지가 않아.

　딸　: …….

엄　마: 너 왜 그러는 거야? 지금이 얼마나 중요한 때인지 몰라서
　　　　그래?

　딸　: 뭐에 중요한데? 대학? 나 대학 가고 싶지 않아. 나 학교 다
　　　　니기 싫어!

엄　마: 너 지금 무슨 소리하는 거야? 학교가 왜 가기 싫어? 언제부
　　　 터 그런 생각을 하고 있었던 거야?

혜진 씨는 절망스러웠다. 예은이가 언제부터 이렇게 된 건지 도
대체 감도 잡을 수 없었다. 자신이 어떻게 할 수 없는 물결이 덮쳐
오는 것 같았다. 그래도 여기서 정신을 놓으면 안 될 것 같았다.

엄　마: 예은아, 공부하다가 힘들어서 그런 마음이 들 수도 있어. 그
　　　 동안 엄마가 너한테 신경을 못 썼어. 미안하다. 이제부터 엄
　　　 마가 신경 많이 쓸게.
딸　 : 엄마 때문이 아니야. 소용없어. 나 학교 그만 둘 거야.
엄　마: 도대체 왜 학교를 그만두려고 그러니? 고등학교도 못 나와
　　　 서 세상을 어떻게 살려고 그래?
딸　 : 학교 다니는 거 재미없어.
엄　마: 누가 재미로 학교를 다녀? 엄마도 학교 가기 싫은 적 많았
　　　 어. 고비만 넘기면 돼.
딸　 : 나 학교 못 가겠어.
엄　마: 도대체 잘 다니던 학교를 왜 그만두려는 거야? 엄마가 이해
　　　 를 해야 그만두든가 말든가 할 거 아냐!
딸　 : 엄마, 나 학교 그만두면 안 돼? 학교 중퇴해도 검정고시 볼
　　　 수 있잖아.

엄　마: 그래서 자꾸 조퇴를 하는 거였어? 학교에서 누가 너 괴롭
　　　히니?

　딸　: …….

엄　마: 그렇구나. 내일 엄마랑 담임 선생님 만나러 가자.

　딸　: 안 돼! 학교 다닐 거니까 엄마 학교 오지 마!

그다음 날, 선생님과의 대화

담　임: 예은이하고 얘기 좀 해 보셨어요?

엄　마: 네, 선생님. 예은이하고 얘기를 해 봤는데 학교를 그만두겠
　　　다고 하더라고요. 아무래도 예은이를 괴롭히는 애들이 있는
　　　것 같아요.

담　임: 저희도 조사를 좀 했는데 예은이가 친했던 친구들로부터 왕
　　　따를 당하고 있는 것 같아요.

엄　마: 왕따를 시키는 친구들이 어떤 애들인데요?

담　임: 특별히 문제가 있는 아이들이 아니에요. 예은이랑 친하게
　　　지내던 아이들이었는데, 예은이가 어쩌다가 따돌림을 당하
　　　게 된 것 같습니다.

엄　마: 그럼 어떻게 하면 좋을까요? 제가 그 친구들을 만나 볼
　　　까요?

담　임: 만나셔도 소용없을 거예요. 본인들은 안 그러는데 예은이

혼자 그렇게 생각한다고 할 거예요.

엄 마: 그럼 예은이를 왕따시키는 게 아니라는 건가요?

담 임: 한참 예민할 때의 아이들 관계라 그걸 잘 분간을 못하겠어요. 친구들은 아니라고 해도 예은이 입장에서는 왕따 당한다고 느낄 수 있거든요.

엄 마: 그래요?

담 임: 여러 명이 우리는 너 왕따 안 시키는데 왜 혼자만 그러느냐고 하면서 자기들끼리 수군거리면 당하는 사람 입장에서는 왕따라고 할 수도 있거든요.

엄 마: 예은이가 화장하고 어울려 다녔다는 아이들은 누군가요?

담 임: 왕따를 당하면서 힘들어하고 있을 때 관심을 보인 친구들이랍니다.

엄 마: 그 아이들 부모님들은 이런 일을 알고 계시나요?

담 임: 저희가 연락을 드려서 알고 계세요. 예은이 어머니처럼 다들 놀라셨어요.

엄 마: 선생님, 도대체 어떻게 해야 하나요? 뭘 해야 할지 알 수가 없어요.

담 임: 예은이가 상담을 먼저 받도록 권하고 싶습니다. 그동안 말은 안 했지만 예은이가 마음이 많이 힘들었을 거예요. 상담센터를 소개해 드릴테니 한 번 가보시겠어요?

엄 마: 예은이에게 문제가 있나요?

담　임: 상담 선생님께서는 우울증 증세를 보인다고 하세요.

엄　마: 우리 예은이가 우울증이라는 말씀이세요?

담　임: 왕따라는 게 아이들로서는 참 힘든 일입니다. 지난 학기부
　　　　터 그랬던 것 같은데 예은이가 많이 힘들었을 거예요.

엄　마: 저는 엄마라는 사람이 그런 줄도 모르고…… 알겠습니다.

며칠 뒤 안방, 남편과의 대화

남　편: 예은이 일은 어떻게 됐어?

아　내: 예은이가 친구들한테 왕따를 당하고 있었던 것 같아. 그래
　　　　서 괴로워서 화장하고 술 마시고 그랬던 것 같아.

남　편: …….

아　내: 속상해. 어떻게 예은이한테 이런 일이…….

혜진 씨는 참고 있던 눈물을 흘렸다. 상민 씨도 답답했다.

남　편: 그래서 어떻게 하라는 거야?

아　내: 당분간 상담을 받으라고. 심리적으로 불안했을 거래.

남　편: 도대체 왜 왕따를 당하고 다녀?

아　내: 뭐? 지금 왕따 당한 게 예은이 잘못이라는 거야?

남　편: 뭐가 못나서 왕따를 당하느냐고.

아　내: 아빠라는 사람이 그렇게밖에 말을 못해? 애가 얼마나 힘들

었을지…… 그 말을 듣고 내가 얼마나 기가 막혔을지 알기

나 해?

남　편: 애 하나도 못 챙기고 뭐 잘했다고 그래?

아　내: 뭐라고? 당신 진짜 말 다했어? 내가 너무 속상해서 가만히

있었는데 이건 당신 딸한테 일어난 일이야. 우리 예은이 일

이라고. 어떻게 강 건너 불구경하듯이 얘기를 하는 거야?

남　편: 지금 누구한테 화를 내? 집안에서 하는 일도 없이 애가 그

모양이 된 걸 알지도 못했던 주제에.

아　내: 그래. 나는 엄마 노릇도 제대로 못했다. 그런 당신은 뭘 했

어? 아빠로서 뭘 했는데? 지금 이 상황에서 그런 말을 하다

니 당신 도대체 아빠 맞기나 해?

남　편: 시끄러워. 집구석 잘 돌아간다.

남편은 자리를 박차고 나갔다. 남편과 아내는 자기 말만 하고 상

호작용이 없다. 속상한 스스로의 마음은 표현하지 못하고 '당신이

이래서 그렇다.'는 You-Message로 서로 비난하고 공격한다.

혜진 씨는 상민 씨에게 정나미가 떨어졌다. 아빠가 돼서 저렇게

밖에 말을 못하는지 원망스러웠다. 지금 세상에서 자기 마음을 제

일 잘 헤아릴 수 있는 사람은 남편이 아닌가? 그런데 왕따를 당한

아이를 걱정하기는커녕 못났다고 타박하고 아이 건사도 못했다고

자신을 몰아붙이고 있다. 아빠라고 할 수나 있는지 이해할 수도 없고, 이해하기도 싫다. '그렇게 잘난 자기는 뭘 했는데…….' 혜진 씨는 이런 사람을 남편이라고, 아이 아빠라고 믿으며 살아온 것에 회의가 든다. 마음 깊은 곳에서 남편을 향한 문이 굳게 닫힌다. '나한테 못하는 거는 그렇다 쳐도 아이한테까지 이러는 건 참을 수 없어!' 혜진 씨는 예은이가 대학에 들어가면 남편과 이혼을 하겠다고 결심한다. 혜진 씨는 부정적인 정서에 몰입하여 부정적인 자기강화 고리를 만들고 있다. 상민 씨의 행동, 말, 의도가 다 부정적으로 보인다.

상민 씨는 아내가 뭐하는 사람인지 모르겠다고 생각한다. 집에 있으면서 애가 뭘 하고 다니는지도 몰랐다는 것이 이해되지 않았다. 그러면서도 자기가 뭐라 하면 반박을 하고 비난을 한다. 화가 치민다. 아내하고는 도대체 대화가 되지 않는다고 생각한다. '이 여자하고 앞으로 어떻게 계속 사나?' 싶다. 혜진 씨와 마찬가지로 상민 씨도 부정적인 정서에 몰입되어 혜진 씨가 하는 모든 것이 부정적으로 느껴져 부정적으로 대응하는 부정적 자기강화 고리를 만들고 있다.

딸아이를 위한 최후의 선택, 부부 상담

속마음을 털어놓을 곳이 없는 딸

학교 선생님께 소개를 받았다며 나에게 연락을 해 온 혜진 씨. 몇 번의 전화 통화 후 상담 날짜를 잡고 만나기로 했다.

엄　마: 안녕하세요? 전화 드렸던 예은이 엄마예요.

　나　: 네, 잘 오셨습니다. 이쪽으로 앉으세요.

엄　마: 예은아, 너도 선생님께 인사해야지.

　딸　: 안녕하세요.

　나　: 어서 와요. 잘 왔어요.

혜진 씨는 잠시 숨을 고르더니 예은이를 보고 나를 쳐다본다.

> 나 : 두 분 잘 오셨어요. 힘든 발걸음 해 주셔서 고맙습니다. 어떤 부분에 도움을 받고 싶으세요?
>
> 엄마 : 우리 애가 학교가 가기 싫다고 합니다. 학교 상담 선생님은 우울증도 있다고 하고요. 학교에서 왕따를 당했던 것 같아요.
>
> 나 : 그렇군요. 예은 양과도 얘기를 해 보셨어요?
>
> 엄마 : 애가 얘기를 잘 하지 않아요. 학교 다니기 싫다고만 하고. 선생님, 예은이가 이전처럼 다시 학교를 잘 다닐 수 있도록 치료 좀 해 주세요.

나는 예은이와의 몇 차례의 상담을 통해 예은이가 가장 힘들어하는 것이 마음을 털어놓을 사람이 없음을 알게 됐다. "엄마, 아빠에게 걱정을 끼치는 딸이 되고 싶지 않았어요. 저 때문에 싸우는 게 싫어요." 예은이는 부모님이 자신의 일로 얘기를 하다 싸움으로 끝나는 것을 많이 봐서 문제가 될 만한 얘기는 하지 않는다고 했다. 꼭 필요한 것들이나 엄마, 아빠가 좋아할 만한 일만 얘기했다. "엄마는 아빠와 싸우고 난 다음날이면 저에게 더 열심히 공부해서 꼭 성공해야 한다고 하셨어요. 여자도 성공해야 남편에게 할 소리 한다고요."

이런 엄마 아빠에게는 마음을 표현하기가 어려워 예은이는 친구 관계에 많이 의존했다. 고등학교에 입학하면서부터 한 반 친구들과 친하게 지냈는데 2학년에 올라가면서 예은이만 반이 갈렸다. "저랑 친했던 친구들에게 저보다 더 친한 친구가 생긴 것 같았어요. 저는 그 친구들을 다시 제 베프(베스트 프렌드)로 만들고 싶었어요." 다른 반이 된 친구들과 시공간적으로 멀어지면서 자신만 소외되는 것 같아 예은이는 친구들에게 자주 삐지게 되었고 다투게 됐다. "저는 그 친구들과 다시 친하고 싶었어요. 그런데 그 친구들은 저를 점점 멀리했어요." 예은이는 이 이야기를 하며 서럽게 울었다. 친구들은 예은이가 이상해졌다며 멀리했고 예은이는 친구들이 왕따를 시킨다고 생각했다. 친구들에게 자신의 마음을 제대로 전하는 방법을 알지 못해 엇나가고 있었다. 예은이의 문제는 대화의 문제였다. 대화는 가정에서 훈련된다. 나는 예은이 어머니께 한 번 보자고 했다.

딸보다 부모가 받아야 할 상담

나　: 어머니, 예은이는 일정 기간 상담을 받으면 좋아질 것 같아요.

엄　마: 그래요? 정말 감사합니다.

나　: 그런데 가정에서 예은이가 편하게 마음을 표현할 수 있어야 좋은 상태가 계속 유지될 수 있을 것 같습니다.

엄　마: 그게 무슨 말씀이죠? 예은이가 저한테 편하게 마음을 표현
　　　　하기 어렵다고 하던가요?

　나　: 본인 일로 부모님이 싸우는 것이 싫어서 문제가 될 만한 얘
　　　　기는 하질 않았다고 하네요. 예은이가 부모님이 본인 일로
　　　　싸우는 것을 몹시 힘들어 하는데 혹시 알고 계셨나요?

엄　마: 아니요. 전혀 몰랐어요.

　나　: 예은이가 친구들과 갈등이 생겼을 때 그것에 어떻게 대처해
　　　　야 할 지를 몰랐고 의논할 사람도 없었던 것이 문제를 키운
　　　　것 같아요.

엄　마: 나한테 얘기를 했으면 됐을 텐데…….

혜진 씨는 예은이가 본인에게 자신의 일을 의논하기를 힘들어
하는 것을 알지 못했다. 예은이가 자신에게는 뭐든 다 말한다고 생
각하고 있었다.

　나　: 댁에서 남편 분과 예은이 일을 의논하시나요?

엄　마: 그 사람은 집안일에 관심도 없어요. 예은이 일도 강 건너 불
　　　　구경이고.

　나　: 두 분의 관계는 어떠세요?

엄　마: 저희 관계요? 이 나이에 부부 관계가 좋은 사람이 많이 있
　　　　겠어요? 게다가 집안일에 관심도 없고, 근데 예은이 일과

저희 부부 사이가 무슨 관련이 있나요?

나 : 부모님이 사이가 좋으면 아이들이 자기 얘기를 하기가 편안
하죠.

엄 마: 예은이가 중학교 때만 해도 학교 갔다 와서 재잘재잘 있었
던 일을 다 얘기하곤 했는데 그러고 보니 최근에는 예은이
와 그런 얘기를 해 본 적이 없네요.

나 : 예은이가 나아져도 그것이 지속되려면 엄마 아빠에게 얘기
하기가 편한 상태가 되어야 합니다. 엄마 아빠가 자기 때문
에 싸우지 않을 거라는 확신이 있어야 한다는 거죠.

엄 마: 우리 부부는 좋게 얘기를 시작했다가도 몇 마디 하다 보면
싸우게 돼요. 이번에 예은이 일을 얘기하면서 그 사람에 대
해서는 포기했어요. 말이 안 통해요.

나 : 어머니, 엄마와 아빠가 그런 관계에 있으면 자녀들이 굉장
히 불안정해집니다. 예은이가 회복되더라도 곧 이전처럼 돌
아가게 될 거고요.

엄 마: 그럼 어떻게 하면 좋을까요? 우리 부부 문제는 하루 이틀
된 문제가 아닌데.

나 : 부부 상담을 받아보시는 건 어떨까요?

엄 마: 상담한다고 뭐가 좋아질까요? 원래 그렇게 생긴 걸.

나 : 이혼 소송을 진행하고 있는 부부 중 법원이 부부 상담을 거
치도록 하는 경우가 있는데 상담을 하면서 부부 관계가 좋

아지는 경우가 많습니다. 그래서 이혼하려던 생각을 바꾸고 다시 잘 사는 사례가 꽤 많이 있어요. 제 생각에 두 분은 그런 상태에 있는 것도 아니니 관계 회복이 빠르게 좋아지지 않을까요?

엄 마: 그래요? 그러면 남편도 같이 상담을 받아야 하는 건가요?

나 : 그렇죠.

엄 마: 생각을 좀 해 보겠습니다.

'예은이가 우리한테 얘기하는 걸 힘들어 한다고?' 혜진 씨는 예은이가 했다는 말이 머릿속에서 떠나지 않았다. 예은이가 대학만 가면 끝이라고 생각한 남편이지만 예은이를 위해 남편에게 한 번의 기회를 더 주기로 했다.

아 내: 예은이가 좋아지려면 우리가 부부 상담을 받아야 한대.

남 편: 무슨 소리야?

아 내: 예은이가 자기 속 얘기를 할 사람이 없어서 문제가 생긴 거래.

남 편: 그것과 부부 상담이 무슨 상관이 있다는 거야?

아 내: 우리가 자주 싸우니까 예은이가 문제될 말은 거의 안 한다는 거야. 우리가 사이가 좋아야 예은이 문제가 지속되지 않는대.

남　편: 가져다 붙이기도 잘하네. 내가 시간이 어디 있어?

아　내: 당신 이번에 예은이를 위해서 상담을 받지 않으면 아빠도 아니야.

남　편: 뭐라고?

아　내: 지난번에 그랬지? 뭐가 모자라서 왕따를 당하느냐고. 그게 왕따 당해서 우울증까지 걸린 아이에게 아빠로서 할 수 있는 말이야? 당신이 나한테 못하는 거는 참아도 예은이한테도 그러는 거는 못 참아.

상민 씨는 전혀 예상치 못했던 강한 반응에 아내의 얼굴을 쳐다보았다. 아내는 입을 꽉 다물고 상민 씨를 노려보고 있었다. 결기에 찬 얼굴이었다. 여기서 말을 잘못했다가는 돌이킬 수 없겠다는 생각이 들었다.

남　편: 알았어, 시간 내볼게.

"우리는 얘기를 끝까지 해 본 적이 없어요."
문제는 대화 패턴

상민 씨가 부부 상담을 받기로 하고도 시간을 맞추기가 어려워 몇 번 약속이 취소되었다. 토요일 오전에는 쉬고 싶어 하는 상민 씨의 뜻을 따라 주중 저녁으로 시간을 잡았는데 회사 일이 자꾸 생겼기 때문이다. 결국 부부 상담은 안정적으로 시간을 낼 수 있는 토요일 오전에 진행하기로 했다. 거리가 낙엽으로 물들기 시작하는 초가을, 두 사람의 상담이 시작됐다.

아　내: 선생님, 안녕하세요? 예은이 아빠예요.

혜진 씨가 상담실로 들어서며 뒤따라 들어오는 남편을 소개했다.

나　: 어서 오세요. 잘 오셨습니다. 예은이 아버님.
남　편: 이 사람이 꼭 와야 된다고 해서요.
나　: 이렇게 함께 와 주셔서 고맙습니다.
아　내: 하나뿐인 딸을 위한 일인데 부모가 돼서 뭘 못하겠어요.

예은이 엄마가 남편을 힐끗 보며 얘기한다.

나　: 예은이는 좋은 부모님을 두었네요. 예은이의 상담이 진행되면서 부모님의 부부 상담이 병행되는 것이 좋겠다는 생각이 들어 말씀 드렸는데 이렇게 호응해 주시고요.
남　편: 근데 예은이 상담받는 것하고 우리 부부가 상담을 받는 것

하고 무슨 관련이 있는 건가요? 이 사람이 꼭 와야 한다고 해서 왔지만 사실 잘 모르겠어서요.

상민 씨가 궁금해 했다.

나 : 그러실 거예요. 예은이가 안전하게 자신의 감정을 표현하려면 가정이 안전해야 하거든요. 두 분이 서로 사이가 좋고 편하게 말씀을 하시는 관계가 되어야 예은이도 그럴 수 있어요.

남 편: 우리가 서로 편하게 얘길 해야 예은이도 우리에게 편하게 얘기한다고요?

아 내: 에휴.

상민 씨는 되물었고 혜진 씨는 한숨을 쉬었다.

나 : 예은이가 우울 증상을 보이고 친구들과의 관계가 어려운 이유가 자신의 속마음을 아무에게도 얘기하지 못하기 때문이에요. 특히 부모님이 자신 때문에 싸울까 봐 굉장히 두려워해요. 그러니 문제가 될 것 같은 건 아예 얘기를 하지 않게 되는 거죠.

상민 씨는 이 말에 뭔가 생각하는 표정을 지었다.

　나　: 두 분은 서로 어떻게 말씀하시나요?

혜진 씨가 상민 씨를 쳐다보았다.

　남　편: 글쎄, 그게…… 허허.

상민 씨는 헛웃음을 지으며 말하기 힘들어 했다. 그런 상민 씨를
답답하다는 듯 쳐다보던 혜진 씨가 말한다.

　아　내: 우리는 얘기를 하다 보면 싸움이 되는 경우가 많아요.
　　나　: 그러시군요. 남편 분은 어떻게 생각하시나요?
　남　편: 처음 의도는 그렇지 않았는데 얘기를 하다 보면 기분이 언
　　　　짢아지고 얘기하기가 힘들다는 생각이 듭니다.
　아　내: 이 사람은 저랑 얘기를 끝까지 해 본 적이 없어요. 얘기하다
　　　　말고 나가 버리고, "알았다, 알았어." 하면서 끝내 버리고
　　　　그래요.
　　나　: 아내 분은 대화를 하다 말고 나가 버리는 남편 분을 보면서
　　　　어떤 감정이 드시나요?
　아　내: 남편에게 많이 서운했어요. 남편이 나를 무시하는 것 같아

힘들었어요.

나 : 무시하는 것 같아 힘들었군요. 지금 그 이야기를 하고 나니
어떤 마음이 드세요?

아　내: 속이 좀 시원해요.

나 : 속이 시원하셨군요. 잘 표현하셨어요.

아　내: 무슨 얘기든 마무리를 해야지 그렇게 중간에 하다 말면 저
는 이 사람이 나를 무시한다는 생각이 들어요.

나 : 아내의 입장에선 그런 마음이 들 수 있겠어요. 남편 분은 아
내의 말이 어떻게 들리세요?

남　편: 이해가 안 돼요. 무시하긴 뭘 무시를 했다고 하는 건지. 저
는 싸우지 않으려고 나가는 거죠.

나 : 부인과 싸우지 않으려고 나가시는군요.

아　내: 그러니까 저는 싸우더라도 할 얘기를 해야 직성이 풀리는데
이 사람은 아닌 거죠. 우리는 하나부터 열까지 맞는 게 없
어요.

남　편: 흠……

상민 씨가 피로한 표정을 지었다.

두 사람의 관계는 한 사람은 비난하며 공격하고, 한 사람은 도망
가는, 불화하는 부부의 전형적인 관계 패턴을 보이고 있다. 혜진 씨
는 공격하고 상민 씨는 도망간다. "하나부터 열까지 맞는 게 없다."

는 혜진 씨 말의 이면에는 "남편과 하나부터 열까지 잘 맞고 싶다."
는 유대감의 욕구와 그런 욕구가 충족되지 않은 것에 대한 아쉬움,
좌절감, 허전한 감정이 들어 있다. 혜진 씨의 비난은 이런 욕구가
좌절됨으로써 나타난 왜곡된 표현이다. 아울러 "나는 당신이 참 좋
아. 당신의 관심이 정말 필요해."란 마음이 숨어 있는 표현이기도
하다.

상민 씨는 공격을 하는 혜진 씨가 싫고 힘들다. 침묵을 지키거나
도망가는 상민 씨의 속마음에는 "나는 당신에게 비난이 아니라 잘
한다는 인정을 받고 싶어. 당신의 인정이 필요해."라는 메시지가 숨
어 있다.

나 : 두 분이 대화를 하는데 어려움을 느끼시네요. 저는 두 분에
　　게 문제가 있는 것이 아니라 두 분의 대화와 관계 패턴에 문
　　제가 있다고 생각합니다. 이번 상담을 통해 두 분의 대화 패
　　턴이 어떤지, 그리고 그 밑에 어떤 마음이 깔려 있는지, 그
　　것이 어떻게 예은이에게 영향을 미치고 있는지 살펴보고 두
　　분이 서로 편하게 대화할 수 있도록 돕고자 합니다.
아　내: 네, 선생님. 제발 저희를 도와주세요. 예은이를 위해서라면
　　뭐든 하라는 대로 할게요.
남　편: 우리가 문제가 아니라 대화 패턴이 문제라고요?
나 : 그렇습니다. 두 분 중 어느 한쪽이 잘못하고 있거나 나쁜 사

람이어서 대화하기 어려운 것이 아니라 대화하는 방식이 문제입니다. 두 분은 대화를 할 때 자신의 마음을 얘기하지 못하고 대신에 비난하고 공격하는 것으로 마음을 표현하고 계세요. 그러니 본래 의도했던 것은 전달되지 않고 서로의 마음에 상처를 주고 있습니다. 이 말이 어떻게 들리세요?

아　내: 듣고 보니 그런 것도 같네요. 우리가 비난하고 공격하고 그렇게 하고 있죠.

　나　: 두 분은 따님을 위해 시간과 비용을 들여 부부 상담을 하기로 결정하셨습니다. 많은 부모님이 자식을 사랑하지만 그렇게 하지 못하는데 두 분은 굉장히 훌륭한 부모님이세요. 앞으로 상담을 통해 두 분이 대화를 하면서 겪는 어려움이 많이 해소될 것이라고 봅니다.

쏘아붙이는 아내, 말하기 싫어하는 남편

다음 주 다시 만난 부부는 첫날보다 훨씬 편안해진 얼굴로 나타났다.

　나　: 두 분 한 주 동안 잘 지내셨나요?

남　편: 네, 잘 지냈습니다. 지난 한 주간 선생님이 "우리가 문제가 아니라 우리의 대화 패턴이 문제"라고 하신 말씀에 대해 많이 생각해 봤습니다.

나 : 한 주 동안 계속 그 생각을 하셨네요. 어떤 생각이 들던 가요?

남 편: 우리가 문제가 아니라니 다행이다 싶었습니다. 이 사람하고 저와의 대화 패턴도 생각해 보고요.

아 내: 저도 그 말이 계속 생각나더라고요. 저는 제 남편이 문제라고 생각했는데 남편이 문제가 아니라 대화 패턴이 문제라는 얘기를 들으니 예은이뿐 아니라 우리의 문제가 해결될 수 있지 않을까 기대감이 생겼어요.

나 : 기대감이 생기셨군요. 두 분의 마음을 잘 정리해서 표현해 주셔서 고맙습니다. 두 분이 지난 시간에 대화하기 힘들다고 하셨는데 무엇이 힘든지 한 번 얘기해 보시면 좋을 것 같네요.

아 내: 남편은 늘 제가 말을 붙여야 말을 하지 먼저 시작하질 않아요.

나 : 늘 남편에게 아내 분이 먼저 말을 붙이는군요. 먼저 말을 붙이면 내 안에 어떤 감정이 느껴지나요?

아 내: 정말 속상하고 힘들어요.

나 : 정말 힘들었을 것 같네요.

아 내: 대화하는 것만 그러는 게 아니라 뭘 할 때도 늘 제가 먼저 얘기를 해야 하고요. 그런 것들이 힘들어요.

나 : 남편 분, 아내의 말을 들으니 어떠세요? 그러신가요?

남 편: 일부 그런 면도 있어요. 제가 우리의 대화 패턴에 대해 생각
해 보면서 발견한 건데 저는 이 사람하고 말을 하면 싸움이
되는 게 싫어서 말을 안 하는 것 같다는 생각이 들었어요.
이 사람은 내가 말을 하자마자 톡 쏘아붙여요. 그래서 기분
이 상해서 말을 하기가 싫어지죠.

나 : 기분이 상해서 말하기가 싫어지셨군요. 이야기를 들으면서
마음이 안타깝네요. 어떤 말이 톡 쏘는 것 같이 들리세요?

남 편: 예를 들어, "내가 그럴 줄 알았어. 당신이 그렇지 뭐!" 같은
말이죠.

나 : 그 말이 어떻게 들리세요?

남 편: 공격당하는 거 같아요. 얘기만 하면 그런 말을 듣게 되니 제
가 이 사람하고 얘기하기가 겁나요.

나 : 그 말은 부인이 겁나고 무섭다는 얘기네요.

남 편: 네? 그렇게 되네요. 허허.

혜진 씨는 상민 씨가 자신을 겁내고 무서워한다는 얘기를 듣고
기가 막힌다는 표정을 지었다.

아 내: 내가 무섭긴 뭐가 무서워? 당신을 잡아먹기라도 한다는
거야?

나 : 아내 분께서는 남편 분의 말이 어떻게 들리세요?

아 내: 기가 막히죠.

나 : 기가 막히는군요. 잘 표현하셨어요. 조금만 더 구체적으로
　　　말씀해 주실 수 있을까요?

아 내: 사실 얘기하기 무서운 건 나예요. 이 사람은 맨날 저더러 잘
　　　못했다고 하거든요. 이번에 예은이 일도 집에서 아무것도
　　　안하면서 그런 것도 모르고 있었다고…….

혜진 씨가 말을 하던 중 울음을 터뜨렸다. 상민 씨는 곤혹스러운
표정을 지었다.

나 : 두 분이 다 힘들었을 것 같아요. 지금 아내 분, 눈물을 흘리
　　　시는데 무엇 때문에 눈물이 나는 걸까요?

아 내: 잘 모르겠어요. 제가 그때 학교에 불려가서 예은이 얘기를
　　　들었을 때 얼마나 놀라고 기가 막혔는지…… 예은이가 화장
　　　하고 술 마시고 담배를 피웠다는 얘기를 들었을 때요.

나 : 이야기를 들으면서 마음이 아프네요. 어떤 심정이었나요?

아 내: 많이 놀랐어요. 충격이었어요.

나 : 정말 충격이 됐을 것 같아요.

아 내: 남편한테 얘기를 하고 같이 걱정을 나누며 위로받고 싶었는
　　　데 이 사람은 "집에서 뭘 하고 있었기에 애가 그러고 다니

는 것도 몰랐냐?"는 거예요. 자기도 화가 나겠지만 일단 애 걱정부터 하는 게 먼저 아닌가요? 그때 얼마나 이 사람이 미웠는지 몰라요. 위로받고 싶었는데 위로도 못 받고 애가 그러고 다닌 줄도 몰랐냐고 책망하는 것으로 들렸어요. 그런 적이 여러 번 있었지만 이번 일은 예은이에 관한 거잖아요. 어떻게 그렇게 얘기할 수 있는지 모르겠어요.

나 : 그 얘기는 남편 분과 걱정을 나누고 위로를 받는 게 아내 분께 굉장히 중요하다는 얘기로 들리는데 맞나요?

아 내: 그게 무슨 말인지…… 그게 그렇게 되는 건가요?

혜진 씨는 남편이 밉다고 얘기하고 있었는데 그 말이 남편의 위로를 중요하게 생각하고 있었다는 얘기로 들린다고 하니 잠시 당황하는 듯 했다. 상민 씨는 헛기침을 했다.

아 내: 그런 상황이라면 누구나 그렇지 않을까요?

당황스러워하며 혜진 씨가 얘기를 했다.

나 : 그럴 수도 있어요. 그렇지만 남편에게 아무런 기대가 없는 사람이라면 그런 위로를 바랄까요?

아 내: 그렇겠네요.

나 : 남편 분은 예은이 일로 아내 분이 이렇게 상심했는지 알고 계셨어요?

남 편: 몰랐죠. 저도 예은이가 그렇게 된 게 속이 상했고 딸이니까 엄마가 더 잘 알아서 해 줘야 된다는 생각에 그렇게 말을 한 거죠.

나 : 그러셨군요. 충분히 그 마음이 이해가 됩니다. 그래도 이렇게 아내가 상심하고 있었던 것에 대해서 지금은 어떤 느낌이 드나요?

남 편: 좀 미안하다는 생각이 드네요.

나 : 미안하다는 생각이 들면 아내 분께 미안하다는 말을 하세요? 내가 이래서 미안했다고요.

남 편: 허허, 그런 이야기를 뭘…….

나 : 그렇군요. 그런 이야기를 하면 내 안에 어떤 감정이 느껴지나요?

남 편: 잘 모르겠어요. 좀 어색한 것 같기도 하고…….

아 내: 남편은 저한테 미안하다는 얘기는 해 본 적이 없죠.

혜진 씨가 끼어들었다.

나 : 남편 분은 미안한 마음은 있는데 말로 표현하지는 못하셨군요. 그럼 어떻게 하면 좋을까요?

혜진 씨는 상민 씨를 쳐다보았다. 잠시 머뭇거리던 상민 씨가 결심한 듯 얘기한다.

남　편: 내가 미안하게 됐어. 그때 화가 나서 그랬어.

아　내: 알았어.

혜진 씨가 숨을 한 번 몰아쉬더니 대답을 한다.

나　: 아주 잘하셨어요. 그렇게 말씀하시고 나니 기분이 어떠세요?

남　편: 좀 어색하긴 하지만 생각보다 괜찮네요. 집사람도 받아 주고.

나　: 아내 분은 어떠세요?

아　내: 안 들은 것 보다는 훨씬 낫네요. 좀 편해요.

나　: 이렇게 자신의 마음을 열고 표현하면 상대방과 소통이 됩니다.

상담실 분위기가 한층 가벼워졌다.

부모가 하던 대로 하게 되는 대화 패턴

나　: 그런데 남편 분께서는 예은이 얘기를 듣고 화를 내셨는데 무엇 때문에 화가 나셨던 건가요?

남　편: 예은이가 걱정되고 잘하고 있어야 할 아내가 그렇지 못해서
　　　　화가 났죠.

　나　: 그랬군요. 그러면 예은이가 걱정된다고 얘기하면 되는데 걱
　　　　정된다는 얘기는 안 하고 무엇 때문에 화를 내신 건가요?

남　편: 네? 보통 남자들이 다 저 같지 않나요? 집에 문제가 생기면
　　　　화를 내지 않나요?

상민 씨는 그런 경우 화를 내는 것이 당연하다고 생각하고 있었
는데 내가 질문을 하자 당황해 했다.

　나　: 그런 것을 보신 적이 있으신 가요? 문제가 생기면 화를 내
　　　　는 모습을요.

남　편: 그러고 보니 저희 어릴 때 집에 문제가 생기면 아버지가 어
　　　　머니께 화를 내셨어요.

　나　: 그랬군요. 아버지께서 그러셨군요.

남　편: 그때 어머니께서 힘들어 하셨고 저희들도 화가 났었는데,
　　　　지금 제가 아버지처럼 하고 있네요.

　나　: 정말 훌륭하게 잘 캐치하셨어요. 아버지가 그렇게 하는 걸
　　　　보고 자랐으니 나도 그렇게 하는 것이 자연스러운 것 아닐
　　　　까요?

남　편: 저는 대부분의 남자들이 그럴 거라고 생각했는데 아버지가 그러시는 것을 싫어했으면서도 제가 보고 자란 대로 하게 된 거군요.

상민 씨는 자신도 몰랐던 자신을 알게 되었다.

나　: 남편 분은 집에서 아버님이 하시는 걸 보고 본 대로 하신 거예요. 예은이도 두 분이 하시는 것을 보고 그대로 할 거예요. 결혼 전의 가족인 원가족의 관계 방식, 대화 방식이 이렇게 현재 가족과 내 아이의 가족까지 대물림이 되는 거죠.

남　편: 그렇군요. 그랬던 거군요.

나　: 남편 분은 집에서 부모님과 대화하기 어떠셨어요?

남　편: 어렸을 때 아버지가 무서워서 얘기를 잘 못했죠. 아버지가 어머니에게 화를 내시면 몸이 얼어붙는 것 같았어요. 그러니 저도 아버지가 화를 낼 만한 얘기는 아예 꺼내지도 않았어요. 성적이 올랐다던가, 상장을 받았다든가 하는 아버지가 좋아하실만한 얘기만 했어요.

말을 하며 상민 씨의 표정이 아련해졌다.

남　편: 예은이가 제가 이전에 아버지께 했던 것처럼 행동하는 거네요.

나 : 그렇죠. 아버님이 정말 잘 보시네요. 아이들은 부모님께 무슨 얘기를 하든 괜찮다는 확신이 있어야 편하게 얘기를 할 수 있습니다. 부모님이 싸우는 것을 보면 편하게 얘기를 할 수가 없습니다. 두려운 거지요.

상민 씨는 커다랗게 한숨을 내쉬었다.

남 편: 이제 선생님이 우리 부부를 상담하려고 했던 이유를 제대로 알겠습니다. 제가 어렸을 적처럼 행동하고 있는 예은이가 안쓰럽네요.

상민 씨의 눈가가 붉어지자 보고 있던 혜진 씨도 눈가가 촉촉해졌다.

나 : 그런데 그때 아버지는 무엇 때문에 화를 내셨을까요? 혹시 물어보신 적 있으세요?

남 편: 그런 것을 어떻게 물어보나요. 그냥 화가 나시나 보다 했죠.

나 : 그렇군요. 그때 화가 나시나 보다 생각하고 물어보지는 못했군요. 그때가 아니어도 아버지가 감정을 표출하실 때 무엇 때문에 그러시는지 물어보신 적이 있으신가요?

남 편: 생각해 보니 별로 뭘 물어본 적이 없었던 것 같아요.

나 : 이야기를 들으면서 마음이 아프네요. 물어보지 않는 나를 어떻게 받아들이세요? 만약 지금 아버지께 물어보면 내 안에 어떤 감정이 생길 것 같으세요?

남 편: 음…… 아버지가 화를 내신 게 제가 뭔가 잘 못해서라고 그런 것이라고 할까 봐 불안하고 두려울 것 같아요. 아마 그래서 못 물어본 것 같아요. 뭐든 잘못 하면 안 된다고 생각했던 것 같아요.

나 : 그러셨군요. 어려운 이야기 해 주셔서 고마워요. 아버지가 그렇게 말씀하신 적이 있으세요?

남 편: 아버님은 저에게 "네가 잘하면 왜 내가 화를 내겠냐? 네가 잘못하니까 그렇지."라는 말씀을 많이 하셨어요.

나 : 그러셨군요.

남 편: 그래서 잘하려고 열심히 살아 왔던 것 같아요. 나만 잘하면 아무 문제가 없다고 생각하고 잘하지 못할까 봐 정말 많이 걱정되고 불안했던 것 같아요.

나 : 정말 자신을 잘 보시네요. 그동안 잘하려고 정말 많이 애를 쓰면서 살아오셨을 것 같아요. 그런 자신을 아셨나요?

남 편: 아니요. 잘 몰랐어요. 지금 얘기를 하다 보니 그랬다는 생각이 드네요.

나 : 지금의 이야기로 돌아와 볼까요? 남편 분은 무엇 때문에 아내에게 화를 내셨나요?

남　편: 저도 아버지처럼 딸이 잘못될까 봐 두렵고 불안해서 화를 낸 거죠.

말을 해 놓고 상민 씨는 흠칫 놀랐다.

남　편: 제가 불안해서 화를 낸 거군요? 저는 이 사람이 잘못해서 화가 났다고 생각을 했는데 그게 아니라 예은이가 잘못될까 봐 염려가 되어서 그런 거네요.

　나　: 예은이 아버님은 거울에 자신을 비추어 보듯 정말 자기 성찰(반영하기)을 잘하시네요.

남　편: 아내가 예은이를 잘 보면 내가 불안하지 않을 것이라고 생각했나 봐요.

　나　: 그 얘기는 아내가 예은이를 잘 키울 수 있을 것이라고 믿으신다는 얘기처럼 들리는데 맞나요?

남　편: 그게 그렇게 되나요? 허허.

　나　: 어떻게 느끼세요?

상민 씨는 잠시 동안 말이 없었다.

남　편: 집사람이 예은이라면 껌뻑 죽어요. 예은이를 위해서라면 뭐든 할 사람이에요. 그러니 아내가 잘 키울 거라고 생각했었던 것 같군요.

나 : 이제 보니 남편 분은 아내 분이 예은이를 잘 키울 것이라고
믿고 있고, 아내 분은 남편 분의 위로가 중요하다고 얘기를
하고 계시네요. 두 분 제 말이 어떻게 들리세요?

두 사람은 멍한 표정을 지었다. 상민 씨는 아내가 자신을 괴롭힌
다고 생각했는데 자신이 아내를 믿고 있었다는 사실을 깨닫게 되었
다. 혜진 씨는 '내가 이 사람의 위로를 그렇게 중요하게 생각했다는
거야?'라며 놀랐고 남편이 자신이 예은이를 잘 키울 것이라고 믿고
있었다는 얘기에 놀라면서도 마음이 풀렸다. 두 사람은 겉으로는
서로 맞지 않는다며 밀어내는 말을 하고 서로에게 상처를 주고 있
었지만 안으로는 서로에 대한 기대와 애정이 깔려 있었다.

사람들의 관계 패턴과 대화 패턴은 원가족 안에서 형성된다. 아
이들은 부모의 부부 관계와 대화하는 방식을 보고 자란다. 부부 사
이가 좋은 부모를 보고 자라면 자녀도 좋은 부부 관계를 유지할 확
률이 높아진다. 상민 씨는 둘째 아들로 아버지는 경찰 공무원이셨
다. 전형적인 가부장적 성격을 가진 분으로 가족과 별로 대화가 없
었다. 당신 뜻에 맞지 않는 일이 일어나면 화를 내셨고 아내나 자식
들을 때리기도 했다. 상민 씨도 고등학교 때 아버지에게 따귀를 맞
은 적이 있었다. 형은 아버지에게 대들다가 더 맞기도 했지만 상민
씨는 아버지와 부딪치지 않으려고 하고 싶은 말을 하지 못하고 피

하는 경우가 많았다. 아버지는 그런 상민 씨를 "사내답지 못한 놈"이라며 형과 비교를 하셨다. 상민 씨는 하루라도 빨리 집에서 독립하고 싶었다. 아버지께 꼼짝도 못하고 사는 엄마가 불쌍했지만 그건 형이 알아서 할 일이라고 생각했다. 상민 씨는 갈등이 생기면 자리를 피하는 성격이었고 그래서 혜진 씨와도 갈등이 생기면 자리를 피했다.

혜진 씨는 막내딸로 위로 오빠가 셋이 있다. 귀여움을 독차지하던 혜진 씨는 아버지의 사업 실패로 갑자기 집안이 어려워지면서 가족들의 돌봄을 받지 못하게 되었다. 아버지가 화병으로 돌아가시면서 설상가상 엄마는 우울증이 심해져 자식을 돌보기는커녕 자식들의 돌봄을 받아야 하는 상황이 되었다. 엄마는 오빠를 남편처럼 의지하고 다른 자식들은 나 몰라라 하며 오빠에게만 매달렸다. 성실하고 책임감이 강한 오빠 덕분에 집안은 많이 안정되었으나 큰오빠를 제외한 모든 자식은 엄마와 갈등이 많았다. 혜진 씨는 자신이 이해받지 못한 사람, 돌봄도 제대로 받지 못하고 내쳐진 사람이라는 느낌을 많이 가지고 살았다. 그래서 상민 씨가 자신과 예은이를 돌봐 주길 기대했고 그렇지 않으면 분개했다.

나 : 두 분은 본인의 마음을 알게 되니 어떠세요?

남 편: 저는 상담이 이런 것인 줄 몰랐네요. 제 문제에 대해 조언을 듣는 것이라고 생각했는데 저에 대해서 몰랐던 것을 알게

되는 거군요.

상민 씨가 먼저 말했다.

> 나 : 맞습니다. 상담은 본인도 몰랐던 본인을 알게 되면서 편안
> 해지는 거예요. 자신과도 편해지고 다른 사람과도 편해지는
> 거죠.

아 내: 저는 이이가 매일 저에게 잘하는 것이 없다고 얘기를 해서
> 저를 형편없는 사람이라고 생각하는 줄 알고 있었는데 저를
> 믿고 있었다는 얘기를 들으니 놀라워요.

남 편: 저도 아내가 저를 공격만 하는 사람이라고 생각했는데 저의
> 위로를 그렇게 중요하다고 생각하고 있었다는 게 놀랍네요.

> 나 : 놀랍다는 얘기는 의외라는 얘기신 거죠?

남 편: 네, 전혀 알아차리지 못했던 부분이에요.

> 나 : 그렇군요. 그렇게 의외의 사실을 알고 나니 기분이 어떠신
> 가요?

아 내: 저는 남편이 저를 믿고 있다고 하니 기분이 좋네요. 남편이
> 더 가깝게 느껴지고요.

남 편: 저도 이 사람이 제 위로를 필요로 한다니 기분이 좋은데요.
> 제가 남편으로서 인정받고 있다는 생각이 들어요.

> 나 : 두 분의 마음 깊은 곳에서는 서로에 대한 사랑이 있는데 그

것을 표현하는 데 문제가 있었던 거죠. 공격하고 비난하고 도망가는 뒷면에는 위로받고 싶고 인정받고 싶은 마음이 있었던 거죠.

아 내: 그런데 우리는 왜 그런 말을 못할까요?

  나 : 참 좋은 질문입니다. 그 얘긴 다음 시간에 하기로 하죠.

자신과 서로의 마음을 알게 된 부부는 상기된 표정으로 일어섰다.

비난하고 공격하는 말 뒤에 있는 마음,
"당신은 나에게 중요한 사람이야."

다음 시간, 부부는 좀 더 편안해진 표정으로 상담실로 들어섰다.

  나 : 한 주간 어떻게 지내셨어요?

남 편: 지난주에 우리가 서로 기대하고 위로받고 싶어 한다는 얘기를 듣고 참 놀랐고 한 주 동안 그 말을 많이 생각했습니다.

남 편: 처음 그 말을 들을 땐 '아! 이렇게도 생각할 수 있구나.' 놀라웠는데 과연 그런가 제 마음을 살펴보게 되더라고요.

  나 : 마음을 살펴보니 어떠시든가요?

남 편: 인식하고 살지는 못했지만 '내 안에 그런 마음이 있었구나.' 싶더군요.

나 : 그런 마음이 어떤 마음인지 한 번 표현해 보시겠어요?

남 편: 그러니까 내가 아내를 믿고 있고 아내에게 인정받고 싶었다
는 거죠.

나 : 지금 저에게 말씀하신 것을 아내에게 말씀하실 수 있으시겠
어요?

남 편: 네? 뭘 말하라는 얘기신지…….

나 : 지금 마음을 살펴보니 내가 아내에게 이런 마음이 있더라
하셨잖아요. 그 마음을 저에게 설명하셨는데 아내에게 그
마음을 직접 표현해 보시면 어떨까요?

남 편: 아, 네…….

상민 씨는 잠시 뜸을 들였다.

남 편: 여보, 나는 당신이 예은이를 잘 키울 거라고 믿고 있었어.
그리고…….

상민 씨는 어색해하며 말을 잇지 못했다. 혜진 씨도 긴장하는 듯
했다.

남 편: 평소에 하지 않던 말이라 영 어색하네요.

나 : 어색할 거예요. 이전에 해 보지 않았던 거니 어색한 게 오히

려 자연스럽지 않을까요? 일단 한번 표현하면 어색함이 줄어든답니다. 어색하지만 그것을 무릅쓰고 부인과 새로운 표현을 해 보는 거죠. 못해도 괜찮아요. 한 번 해 보고 나면 훨씬 나아지죠.

남　편: …….

나 : 아직은 그런 표현을 하기 어려우신가 봐요. 그럼 아내 분 얘기를 들어 볼까요? 남편 분은 여러 가지 생각을 하셨는데요. 아내 분, 지난 한 주 어떠셨어요?

아　내: 저도 우리가 서로 속으로는 이런 기대가 있었다는 것을 깨달으며 놀랐어요. 그리고 제가 이이에게 기대하는 바가 생각보다 많았다는 것을 깨달았어요.

나 : 그러셨군요. 기대한 바가 많았다는 것이 뭘 의미하는 걸까요?

아　내: 이 사람이 저에게 중요한 사람이라는 것 같아요.

나 : 그런 마음이 드시나요?

아　내: 네, 그런 것 같아요.

나 : 그럼 그 얘기를 남편 분한테 자기 말로 한 번 표현하실 수 있으시겠어요?

아　내: 남편이 저에게 중요한 사람이라는 얘기요?

나 : 네, 기대가 많다는 얘기도요.

아　내: 저도 이런 얘기를 안 해 봐서 어색하네요.

나 : 처음이 어렵긴 합니다.

혜진 씨는 잠시 고개를 숙였다가 다시 고개를 들었다.

아 내: 여보, 그때 내가 예은이 얘기를 하던 날 당신이 위로해 주길
　　　 바랐어. 누구보다도 당신의 위로가 필요했어. 당신은 나한
　　　 테 중요한 사람이니까.

혜진 씨는 이 얘기를 하며 엉엉 울었고 상민 씨도 눈물을 흘렸다.

나 : 남편 분께서 아내 분을 안아 주시면 좋겠네요.

상민 씨는 혜진 씨를 안았고 혜진 씨는 상민 씨 품에 안겨 흐느꼈
다. 잠시 시간이 지난 뒤 혜진 씨가 휴지로 눈물을 닦고 자리를 고
쳐 앉았다.

나 : 아내 분 얘기를 들으니 어떠셨어요?
남 편: 우리가 그동안 뭘 위해서 그렇게 싸웠나 하는 생각이 듭니
　　　 다. 이 사람한테 미안해지고.
나 : 아내 분께 미안하시군요. 그 마음을 아내 분께 말해 주실 수
　　　 있겠어요?

남　편: 여보, 당신이 그렇게 내 위로가 필요했는데 나는 당신한테 화만 냈어. 미안해. 나도 예은이가 잘못될까 봐 불안해서 그랬어.

아　내: 그래, 당신도 불안했을 거야.

남　편: 아버지가 어머니에게 화내는 걸 그렇게 싫어했는데 나도 아버지하고 똑같네. 우리 아버지도 불안해서 화를 내셨나 봐. 미안해. 나는 아버지처럼 안 살아야지 했는데 이렇게 됐네.

아　내: 나도 당신한테 잘한 것 없어. 맨날 불평만 했으니까. 우리 어머니도 아버지한테 그랬는데 나도 그러네.

남　편: 당신이 나를 비난하면 나는 너무 괴로웠어. 우리 어머니가 아버지한테 하던 비난과 비슷했거든. 내가 아버지처럼 되는 것 같아서 당신하고 더 얘기를 하고 싶지 않았어. 사실 나는 당신한테 인정받고 싶었어. 그래 남편이나 아빠로서 잘한다고 인정받고 싶었어.

상민 씨는 감정이 요동치는지 말을 마치곤 어금니를 꽉 깨물었다. 이 말을 들은 혜진 씨도 눈물을 흘렸다. 지금 두 사람은 서로의 마음을 확인하고 두 사람을 경직되게 만들었던 생각과 감정, 행동의 고리를 끊어 내고 있다.

나　: 두 분 아주 잘하고 계세요. 자신의 마음을 드러내려면 용기

가 필요한데 큰 용기를 내셨어요. 힘든 일인데 참 잘하셨어
요. 아내 분은 남편의 말을 들으시니 어떠세요?

아　내: 남편이 저에게 인정받고 싶었다고 얘기를 하니까 눈물이 나
　　　네요. 남편한테 미안하고요. 그리고 우리가 왜 그렇게 싸우
　　　고 미워했는지 이상해요.

혜진 씨와 상민 씨처럼 서로의 마음을 확인한 부부는 "우리가 그
동안 왜 그렇게 싸우고 미워했는지 이상하다."고 말한다. 그도 그럴
것이 서로 마음과는 다른 말을 하고 살았기 때문이다.

남　편: 이 말을 하기가 왜 이렇게 힘들었나 싶네요. 한번 하고 나니
　　　별 것 아닌 것 같아요.

상민 씨가 허탈한 표정을 지으며 얘기를 한다.

아　내: 그러게요. 속마음은 얘기를 안 하고 미워하고 싸우기만 한
　　　게 어리석었다는 생각이 들어요.

혜진 씨도 화답한다.

나　：두 분은 마음과는 반대로 말을 하셨어요. "난 당신의 위로가

필요하다. 당신의 인정을 받고 싶다."고 얘기하지 않고 "당신은 왜 그렇게 밖에 못하냐?"고 비난하고 공격했습니다. 원하는 것이나 속마음을 얘기하지 못하고 그 마음을 상대방을 비난하는 방식으로 표현했던 거죠. 그러면서 상대방이 내 마음을 알 것이라 생각했습니다.

두 사람: 그랬군요.

나　: 한 사람이 비난하고 공격하는 대신 자신의 마음을 얘기하면 듣고 있는 상대방도 자신의 마음을 보게 됩니다. 아내 분이 남편의 위로가 필요했다고 말씀하셨을 때 남편 분은 어떠셨어요?

남　편: 아내에게 미안한 마음이 들면서 저도 제 마음이 어땠는지 생각하게 되더군요. '내가 불안했구나.'라는 생각이 들었습니다.

나　: 그동안 두 분을 가두고 있던 비난하고 공격하고 방어하고 도망가는 대화 패턴 밑 마음 속 깊은 곳에 있던 욕구와 정서를 보게 되신 거죠. 자신과 상대방의 마음을 알고 나면 그동안 어떠한 갈등이 있었든지 풀리게 되고 친밀함을 느끼게 됩니다.

아　내: 네, 그동안에는 남편과 아주 멀리 있는 느낌이었는데 오늘 이런 이야기를 하고 났더니 훨씬 가까워진 느낌이 드네요.

감정의 격랑을 경험한 두 사람은 조금은 피로한 듯, 그러나 편안한 얼굴이었다.

혜진 씨가 남편과 마트에 같이 가고 싶어 했던 이유

다음 상담에 나타난 두 사람은 궁금한 것이 많은 듯했다.

남 편: 지난 번 상담에서 말씀하신 대로 집에서도 상담받은 내용을 적용해보려고 노력하고 있습니다. 그런데 그동안 우리는 왜 마음을 물어보는 대화를 안 했던 걸까요?

나 : 두 분만 그러시는 게 아니라 소통이 안 되는 관계는 그렇게 대화를 합니다.

아 내: 그렇군요. 소통이 안 되는 사람들이 그렇게 대화를 하는 거군요. 그럼 소통이 되는 관계는 저희들이 지난번에 대화했듯이 하겠네요. 저는 다들 저희처럼 그렇게 사는 줄 알았어요.

나 : 그렇게들 생각하시죠. 대화 패턴은 어려서부터 부모님을 보고 배우는 것이라 너무 익숙해서 자신이 그렇게 하고 있는 줄도 모릅니다. 성인이 되어 이룬 가정에서도 같은 방식으로 대화를 하기 때문에 남들도 자신처럼 대화하며 산다고 생각합니다.

남 편: 저도 이번에 제가 아버지가 하고 있던 대로 하고 있다는 것을 알게 되었어요.

나 : 남자는 아버지가 어머니에게 하던 대로 아내에게 하고, 여자는 어머니가 아버지에게 하던 대로 남편에게 하기가 쉽습니다.

아 내: 그렇군요. 이런 것이 대물림이란 거군요.

나 : 이것을 깨닫게 되면 그동안 몰랐던 부모님의 마음을 알게 됩니다. 남편 분은 지난번에 아버지도 불안해서 화를 내셨나 보다고 아버지의 마음을 유추해 보셨죠? 아버지가 염려되고 걱정이 되어서 화를 내셨다는 것을 그 전에 아셨나요?

남 편: 아니요. 아버지가 걱정되고 염려가 되어서 화를 내시는 줄은 몰랐어요. 제가 아버지가 되어 보니 그 마음이 이해가 된 거죠.

나 : 그러면 그때는 어떻게 생각하셨나요?

남 편: 아버지는 우리에게 별 관심이 없고 우리를 싫어한다고 생각했죠.

나 : 그렇습니다. 소통이 안 되는 큰 이유 중의 하나가 서로 '상대의 마음이 이럴 거야.'라고 추측하거나 해석하기 때문입니다. "무슨 의미로 그렇게 얘기하느냐?"라고 물어보지 않는 거죠. 두 분도 서로 상대방에게 묻지 않고 '저 사람은 이럴 거야.'라고 생각하고 속으로 실망하거나 화를 내는 일이

있으실 거예요. 한 가지씩 얘기해 볼까요?

남　편: 저는 아내가 저하고 마트에 같이 가자고 하면 사실 좀 피곤
　　　해요. 일주일 동안 바깥에서 일하고 왔으니 주말엔 집에서
　　　푹 쉬고 싶어요. 아내도 그걸 알 텐데 저를 가만히 놔두지
　　　않는다고 생각돼서 짜증이 나요.

　나　: 아내가 마트에 가자고 하는 것이 나를 가만 놔두고 싶어 하
　　　지 않는다고 생각하시는군요. 그럼 혹시 무엇 때문에 그러
　　　는지 물어보신 적은 있으세요?

남　편: 없죠. 그거야 물어보지 않아도 뻔한 거 아닐까요? 집에 있
　　　을 때는 너도 집안일 좀 하라는 거 같은데요. 제가 안 간다
　　　고 하면 싫어하니까 가긴 하는데 되도록 저더러 가자고 하
　　　지 않았으면 좋겠어요.

　나　: 아내 분은 남편이 마트에 가는 거 싫어하는 걸 알고 계셨
　　　어요?

아　내: 네, 알고 있었어요.

　나　: 싫어하는 것을 알고 있는데 무엇 때문에 마트에 함께 가자
　　　고 하시나요?

혜진 씨는 잠시 생각하더니 말을 꺼냈다.

아　내: 저는 마트에 가족들이 같이 와서 장을 보는 게 부럽더라고

요. 식구들끼리 뭐 먹고 싶은지 이것저것 의논하면서 먹을 거리를 고르는 것도 좋아 보이고 시식 코너에서 함께 먹는 것도 재미있어 보여 부럽고…… 그런 가정은 화목하고 행복해 보였어요. 고등학생인 딸은 공부를 해야 하니까 남편과 같이 가고 싶었건 것 같아요. 그래서 이이가 마트에서 빨리 나가려고 하면 화가 나고 속이 상했어요.

나 : 마트에 함께 다니는 가족이 행복하다고 생각하고 부러우셨군요. 남편 분은 아내의 얘기를 들으니 어떠세요?

남 편: 허허. 집사람이 이렇게 생각하고 있을 줄은 꿈에도 몰랐네요.

나 : 네, 남편 분은 아내가 마트에 가자는 것을 '너도 집안일 좀 해라.'라는 뜻이라고 생각하고 피곤한 사람을 그냥 놔주지 않는다고 생각하셨는데 아내 분께서는 마트에 같이 가자는 것이 '우리도 행복한 가정이 되자.'는 뜻이었네요.

남 편: 아내 얘기를 듣다 보니 미안한 마음이 드네요.

나 : 이렇게 '저 사람 생각은 내가 다 알아.'라고 생각하며 상대방이 하는 행동이나 말을 추측하고 해석하면 서로의 마음을 알 수 없습니다. 그러니 내가 보기엔 합당해 보여도 추측하거나 해석하지 말고 상대방에게 물어봐야 합니다.

아 내: 얘기를 하다 보니 생각이 났는데 어렸을 때 저희 집이 갑자기 어려워지면서 가족들끼리 뭘 같이 해 본 적이 없어요. 그

래서 저는 가족이 함께 장도 보고 여행도 가고 싶은 거예요.

그래서 남편이 초등학교 동창들하고 혼자만 여행 갔을 때도 우리 가족하고 같이 가 줬으면 하는 마음이 많이 들어 얘기를 했는데, 이 사람은 귀찮은 듯 "알았어, 알았다."고만 하고 아무런 액션이 없었죠.

상민 씨는 아내의 말을 들으면서 아내가 안됐다는 마음이 들었다. 지난 번 초등학교 동창들하고 여행을 갔을 때 특히나 아내가 자신을 참 피로하게 한다고 생각했는데 함께 여행을 가고 싶어서 그랬다는 것을 알고 나니, 그런 것 하나 들어주지 못하고 아내를 귀찮아 한 것이 참으로 마음 아팠다. 그러고 보니 아내가 어려서 어려워진 가정환경 때문에 가족이 함께 해 본 것이 별로 없다는 말을 여러 번 했는데 그냥 옛날 얘기라고만 생각하고 아내의 마음을 알아줄 생각은 하지도 못했다. 상민 씨는 자신이 아내가 말하는 것을 자신을 괴롭히려는 의도라고만 잘못 생각하고 있었다는 것을 깨달았다.

상민 씨가 아내에게 남은 음식을 싸 주라고 말하는 이유

나 : 아내 분은 남편 분에게 하실 말씀 없으세요?

아 내: 저는 남편이 시댁에 뭘 줄 때 제가 알아서 주도록 해 줬으면
좋겠어요. 남편이 말하지 않아도 제가 미리 생각하고 있는
데 나는 아무 생각도 없는 사람인 양 명령하듯이 이렇게 해
라 저렇게 해라라고 얘기를 하면 기분이 상하더라고요. 지
난 번 남편 생일 때에도 시집 식구들에게 갈비와 잡채를 싸
드리려고 생각하고 있는데 남편이 싸 드리라고 하니까, 뭐
랄까 김이 샌다는 느낌이 드는 거예요.

나 : 남편이 음식을 싸 드리라고 얘기하는 것이 어떻게 들린 건
가요?

아 내: 제가 알아서 챙겨 주지 않을 사람이니 본인이 챙겨줘야겠다
고 생각하는 것 같았어요. 남편이 그러면 알아서 챙겨 주고
싶은 마음이 없어져요. 제가 챙겨 주면 시부모님도 저에게
고마워하시고 저와 시댁과의 관계도 좋아지잖아요. 그런데
남편이 저를 제치고 나서면 저와 시댁관계는 영영 가까워지
지 않을 것 같아요. 남편이 시댁과의 일에 저를 내세워줬으
면 좋겠어요.

나 : 그런 생각이 드셨군요. 남편 분, 아내 분이 이런 생각을 하
고 있는지 아셨어요?

남　편: 아니요, 서로 이런 얘기를 하지 않아서 몰랐어요. 집사람이 제가 챙겨 주라고 얘기할 때마다 별로 기분이 좋지 않아 보여서 주기 싫은가 보다 했지요. 아내가 미리 음식을 싸 드릴 생각을 하고 있었다는 것도 몰랐고, 그것이 집사람과 본가 식구들을 더 가깝게 하겠다는 생각은 정말 못했네요.

아　내: 남편은 나를 시댁에 뭘 주는 것을 아까워하는 사람으로 생각한다니까요. 자기만 좋은 사람이고, 저는 나쁜 사람을 만들어요.

혜진 씨가 오랫동안 쌓였던 불만을 쏟아 놓는다.

나　: 나쁜 사람이 되는 것 같은 마음이 들었군요.

아　내: 그렇죠. 남의 속도 모르고.

나　: 시댁과도 잘 지내고 싶은 마음을 몰라준다는 얘기이신가요?

아　내: 네, 저는 시댁과도 잘 지내고 싶은 마음이 있어요. 남편이 시댁과의 관계를 제게 맡겨 주면 제가 잘 알아서 할 텐데 말이죠.

혜진 씨가 화가 난다는 듯이 손으로 부채질을 했다.

나 : 그런 마음을 몰라줬으니 화가 나시겠네요. 그럼 남편 분께
지난 생일 때는 어떤 마음으로 싸 드리라고 하신 건지 물어
보셨나요?

아 내: 안 물어봤죠. 물어볼 필요도 없는 것 아닌가요? 저를 못 믿
는 거지.

나 : 그럼 한번 물어보죠. 남편 분 지난 번 생일에 어떤 마음으로
음식을 싸 드리라고 한건가요?

상민 씨는 기억을 더듬는 듯 잠깐 생각하더니 말을 하기 시작
했다.

남 편: 제 생일에 제가 기분이 아주 좋았죠. 이 사람이 음식을 잘해
요. 그날 본가 식구들이 와서 음식을 먹고 다들 만족스러워
하고 이 사람 음식 솜씨도 칭찬하니까 뿌듯했습니다. 부모
님이 제가 잘 살고 있다고 생각하실 것 같아 자랑스러운 마
음도 들었고요. 그래서 부모님이 좋아하시는 것을 더 드리
라고 한 거죠.

나 : 부모님께 잘 살고 있는 모습을 보여 주고 싶었군요.

남 편: 그랬었죠. 부모님은 늘 저보다는 맏이인 형님을 더 인정하
시는 것 같았어요. 근데 그날은 "이렇게 정성껏 생일상을
차려 주는 부인, 딸과 함께 잘 살고 있구나."라고 말씀하셔

서 제가 인정받는 기분이 들었습니다. 아내에게도 고맙고.

나 : 아내 분은 남편의 얘기를 들으시니 어떠세요?

아 내: 남편의 말을 들으니 제가 화를 낸 게 좀 미안해지네요. 저는 내 입장은 생각도 안 해 주고 자기만 생색을 낸다고 생각했는데 부모님의 인정을 받아서 기분이 좋았고 그래서 더 인정받고 싶은 마음이 들어서 음식도 싸 주라고 한 거구나 싶네요. 저도 가끔 시부모님이 남편보다 형을 더 인정하는 것 같다는 생각을 해서 서운했거든요.

혜진 씨의 말을 듣던 상민 씨의 표정에 동요가 일었다.

나 : 남편 분, 아내의 말을 들으면서 어떠셨어요?

남 편: 아내가 제 입장을 이해해 주니 참 고맙네요. 아내도 제가 부모님께 인정받는 것을 원하고 있다는 생각도 들어 한 편이라는 생각도 들고요.

아 내: 난 늘 당신 편이었어. 당신이 몰랐지.

혜진 씨가 웃으면서 통박을 주었다.

나 : 남편 분, 지금 하신 말씀을 아내 분께 직접 하실 수 있으시겠어요?

상민 씨가 잠자코 있더니 입을 열었다.

남　편: 여보, 나보다 형이 부모님께 더 인정받는 것을 서운하게 생
　　　각했다고 하니 내 기분이 좋네. 내 편이구나 싶고 내 마음을
　　　알고 있었다는 게 아주 좋아.
아　내: 그래, 나도 당신이 내 마음을 알아주면 좋겠어.

혜진 씨가 웃으며 응수를 했다.

남　편: 당신이 우리 집하고 잘 지내고 싶어 했는데 난 그걸 몰랐어.
아　내: 당신은 나만 나쁜 사람을 만들잖아.
남　편: 앞으로는 당신한테 싸 줘라 마라 그런 얘기 안 할게. 혹시
　　　또 그런 소리를 하더라도 습관적으로 나온 거라고 생각하고
　　　이해해 줘.
아　내: 알았어.
　나　: 두 분 정말 잘 풀어 가시네요. 이렇게 서로 물어보고 자기
　　　마음을 얘기하고 그 밑에 있는 마음을 들여다 봐 주시면 됩
　　　니다. 그러면 소통이 잘 되는 부부가 되고 친밀한 관계가 되
　　　는 거죠.

혜진 씨가 걱정스런 표정으로 말을 했다.

아 내: 근데 지금은 선생님이 계시니까 이렇게 하지 우리끼리 있을 때도 이렇게 될까요? 다시 원래대로 돌아가지 않을까요?

나 : 그런 걱정을 하실 수 있어요. 평생 동안 그렇게 해 온 것이 상담을 받았다고 바로 바뀔 수는 없겠죠. 과정이 필요할 거예요. 그게 자연스럽지 않을까요?

남 편: 그렇겠네요.

두 사람은 서로 바라보며 웃었다.

나 : 두 분은 서로 원하는 것이 같습니다. 화목하고 행복한 가정을 만들고 싶고 서로 이해받고 인정받고 싶어 하죠. 갈등이 생길 때마다 문제는 당신이나 내가 아니라 잘못된 대화 패턴이라는 것을 이해하고 상대방을 공격하지 말고 본인의 마음을 말씀하시면 됩니다. 아까 서로의 마음을 얘기할 때 어떠시던가요?

남 편: 아내가 마트에 왜 그렇게 같이 가고 싶은지 얘기했을 때 짠한 마음이 들더군요. 아내에게 참 미안했습니다. 아내에게 더 잘해 주고 싶은 마음도 들고요.

상민 씨의 말에 혜진 씨의 눈시울이 붉어졌다.

아 내: 저도 남편이 부모님의 인정을 받고 싶어 음식을 싸 주라고 했다는 얘기를 듣고 마음이 짠했어요. 내가 더 잘 도와주고 싶은 마음도 들었고요.

나 : 이렇게 본인이 원하는 것과 감정을 얘기하면 상대방과 소통이 됩니다. 참 신기하죠? 서로 원하는 것과 감정을 얘기하고 상대방의 마음을 읽어 주면 대화하는 게 즐거워지고 편해집니다. 서로에 대한 애정도 깊어지고요.

남 편: 예은이 때문에 시작한 건데 우리 부부에게 더 좋은 시간이 된 것 같습니다. 감사합니다. 선생님.

나 : 저도 두 분이 그렇게 말씀해 주시니 너무 좋습니다. 감사합니다. 이번 주 댁에 가셔서 이런 식으로 서로의 마음을 물어보고 표현하는 대화를 해 보시면 좋겠는데 어떠세요?

남 편: 한번 해 보겠습니다.

아 내: 여기서만큼 잘 될지 모르겠는데 한번 해 볼게요.

달라진 부부의 대화

다음주, 상담이 막바지에 이르러 그동안 부부가 상담을 하면서 느낀 것에 대해 피드백을 받아보았다.

나 : 어서 오세요. 집에서 대화는 좀 해 보셨는지요?

남 편: 집에서 하기는 했는데 그게 제대로 한 것인지 모르겠어요.

아 내: 저도 영 어색하더라고요.

나 : 처음에는 어색합니다. 그런데 한두 번만 해 보면 어색함은 금방 사라집니다. 먼저 두 분 이번 상담을 하면서 느낀 것을 서로 얘기해 볼까요?

아 내: 여보, 나는 이번 상담을 받으면서 여러 번 느낀 게 내가 당신을 정말로 많이 의지하고 있었다는 거야. 내가 당신을 참 많이 믿고 있었구나. 내가 화를 내고 마음이 닫힌 게 그런 기대가 채워지지 않아서 힘이 들었기 때문이었다는 것을 알게 됐어. 내가 참 당신을 필요로 했구나 하는 것을 깨달았어.

남 편: 나도 그래. 나도 당신이 나를 귀찮게 하고 힘들게만 하는 사람이라고 생각했는데 내가 당신을 엄청 믿고 있었어. 예은이도 잘 키우고 부모님께 내가 자랑하고 싶은 가정을 이루어 주는 사람으로 말이야.

아 내: 당신이 그렇게 얘기해 주니까 참 좋네. 나는 당신이 나랑 예은이한테 별 관심이 없는 줄 알고 힘들었거든.

남 편: 그렇구나. 당신으로선 그럴 수 있겠네. 나는 밖에서 일하는 게 힘이 들고 집안일은 당신이 잘 알아서 할 거라고 믿은 거지. 당신이 뭐든 꼼꼼하고 부지런하게 잘 챙기잖아. 당신하고 예은이가 나한테 얼마나 중요한 사람인데 관심이 없겠어.

아 내: 그렇구나. 나를 믿어서 맡긴 거였네. 당신이 나에게 그렇게 말을 해 줬으면 당신이 신경을 안 쓰는 것 같아도 내가 그렇게 서운하지 않았을 것 같아.

남 편: 그래. 내가 그런 말은 하지 않고 뭔가가 내 마음에 안 들면 "왜 못했느냐?"고 비난하고 화만 냈어. 걱정되고 불안해서 그랬어. 나도 내 마음을 잘 몰랐어. 이번에 상담하면서 알게 됐어.

아 내: 이제는 이해해. 나도 우리 집 얘기를 하면서 같이 마트에도 가고 여행도 가고 싶다고 얘기했더라면 좋았을 거란 마음이 들었어. 우리 집 얘기하는 게 나도 쑥스럽고 창피하기도 해서 못했던 것 같아. 그래서 원하는 것을 얘기하지는 않고 대신에 당신을 비난했어. 미안해.

남 편: 나도 당신 비난하고 화만 내서 미안해. 나는 늘 당신과 우리 예은이를 위해 돈을 버느라 힘들다고 여겼는데 그게 아니었어. 우리가 이런 마음의 대화가 없어서 힘들었던 것 같아. 당신이 나를 의지하고 있다니까 내가 당신의 기대에 부응하고 싶고 뭐든 해 주고 싶은 마음이 드네.

아 내: 뭐든 해 주고 싶다는 말을 들으니까 너무 좋다. 나도 그래. 당신이 내가 살림도 잘하고 예은이도 잘 키울 거라고 믿어 주고 있으니 더 잘하고 싶어. 우리가 왜 진작 이런 식으로 대화를 하지 못했는지 안타깝네.

남　편: 예은이 덕분에 우리 사이가 좋아졌어. 예은이가 우리의 이런 모습을 보면 아주 좋아할 것 같아. 우리가 사이가 좋지 않아서 예은이에게 그런 일이 일어났던 거라니 너무 미안하고 예은이가 안쓰러워.

아　내: 그래. 여보, 우리 이제 이렇게 서로 마음을 드러내고 좋은 말 하면서 살자. 나도 예은이 생각하면 너무 미안해. 나한테는 당신하고 예은이가 제일 중요한 사람이야.

남　편: 나도 그래. 당신하고 예은이를 위해 열심히 일하잖아. 내가 누구 때문에 일하는 거겠어.

아　내: 고마워, 여보.

아내는 이 말을 하며 눈시울이 붉어졌다. 남편도 그런 아내를 보며 눈가가 촉촉해졌다.

나　: 두 분 너무 잘하고 계세요! 감정 표현이 정말 많이 느셨네요. 못하는 게 아니고 할 수 있어요. 안에 있는데 내가 편안해지면 그런 감정이 표현됩니다. 감정은 편해지면 나오게 되지요. "오, 당신 그 말 해 주니까 좋네. 당신 참 잘했어." 이런 말을 서로 하면서 좋아지는 거예요.

아　내: 저희가 그동안 상담하면서 알게 되었던 것과 상담사 님이 한 번 시도해 보라고 해서 해 봤더니 오늘은 훨씬 잘 되는 것 같아요.

남 편: 그동안 모르고 살았는데 사실 오늘 우리가 얘기하는 것들이 원래 우리 마음이었습니다. 그런 마음이 있었다는 것을 인식하지 못했고 또 표현하기도 참 어려웠던 것 같네요.

나 : 지금 이런 것이 긍정적인 정서 경험이에요. 서로에게 했던 말들이 굉장히 에너지가 되는 거예요. 힘들 때 '아내가 나를 의지한다고 했지?' 하면서 이런 말을 꺼내서 쓸 수 있어요. 지금 남편 분은 자신을 어떻게 생각하세요?

남 편: 네? 뭘 어떻게 생각하느냐는 건지…….

나 : 내가 괜찮은 사람이란 생각이 드세요?

남 편: 아, 네. 제가 괜찮은 사람 같습니다.

나 : 이렇게 내가 소중하게 생각하는 사람으로부터 긍정적인 정서 경험을 하면 자존감도 올라갑니다. 아내 분은 어떠세요?

아 내: 저도 남편하고 안 좋을 때는 제가 불행하고 초라한 느낌이 었는데 이런 대화를 하고 나니 저도 제가 괜찮은 사람 같은데요.

나 : 정서적인 대화를 통해 이렇게 사람의 자존감이 올라갑니다. 그리고 친밀감도 더 생기고요. 삐걱거리던 관계는 회복되지요. 어떤 문제가 해결되어야 관계가 회복되는 것이 아니고 이렇게 서로의 마음을 표현하는 정서중심 대화를 하면 관계가 회복됩니다.

아　내: 이렇게 서로 대화를 할 수 있다니 너무 감격스러워요. 겉으로 아무것도 달라진 것이 없는데 우리 두 사람 사이에 이런 대화가 오고가다니요.

나　: 오늘의 이런 대화가 꿈의 대화입니다. 서로의 마음과 감정을 표현하는 대화, 마음을 연결해 주는 대화죠. 추측하거나 해석하지 말고 먼저 물어보시고 비난하거나 공격하는 그 밑바닥에 있는 자신의 마음을 보고, 그 마음을 표현하려고 계속 노력하시면 됩니다.

남　편: 우리가 앞으로도 이렇게 대화를 할 수 있을까요?

나　: 사실 이런 대화를 하는 데는 시간이 걸립니다. 오늘의 대화는 그동안 저와 상담했던 것이 반영된 내용이라 두 분이 훨씬 쉽게 본인의 마음을 보고 드러내는 대화를 할 수 있으셨을 거예요. 생활을 하다 보면 예전에 하던 대로 나를 안 보고 상대를 보며 비난하거나 공격하는 서로를 보게 될 거예요. 그러면서 "역시 우린 안 돼."라는 생각이 들 수도 있습니다. 그럴 때마다 오늘 서로에게 들었던 말들을 생각하시면 힘이 날 거예요. 말은 그렇게 해도 마음은 아니라는 것을 알게 되었으니까요.

　정서중심의 대화를 하는 데는 시간이 걸린다. 그동안 감정을 표현하는 대화를 하지 않아서 어색하고 익숙하지 않기 때문이다. 감정을 표현했는데 상대가 그 감정을 받아 주지 않으면 상처를 받을 수도 있다. 또 하나의 걸림돌은 감정을 표현하려면 자기 마음을 알아야 하는데 자기 마음을 잘 모르기 때문이다. 내가 왜 이러는지 왜 이렇게 기분이 상하고 화가 나는지 자기를 보지 못하면 자신이 어떤 감정인지도 잘 모른다. 그냥 모든 상한 감정의 원인을 배우자에게 돌리며 비난하고 공격하게 된다.

가족이 서로에게 가장 원하는 것

상민 씨와 혜진 씨는 상담 과정을 통해 자신과 서로의 마음을 더 잘 알게 되었고 친밀감이 많이 회복되었다. 상민 씨가 놀라운 사실을 알게 된 것처럼 흥분하며 했던 말이 생각난다.

남　편: 상담사 님이 자꾸 물어봐야 마음을 안다고 하셔서 화를 내거나 회피하기 전에 아내가 왜 그렇게 말하는지 물어보기 시작했죠. 그랬더니 이 사람이 더 행복한 가정을 만들기 위해서 또 가족을 사랑해서 그렇다는 것을 알게 되었어요. 대화를 할수록 내가 이 사람에게 참 중요한 사람이라는 걸 알게 됩니다. 도대체 전에는 왜 그걸 몰랐는지 알 수가 없어요.

혜진 씨도 마찬가지였다.

> 아 내: 저도 남편에게 쏘아붙이기 전에 그렇게 말하는 이유가 뭐냐고 먼저 물어봤어요. 그랬더니 결국은 가정을 잘 유지하고 싶은 마음에서 그러는 것이더라고요. 이전에는 나 혼자 추측하고 미워하고 그래서 말만 하면 싸웠죠. 지금은 오랫동안 얘기해도 싸우지 않아요. 아직도 그런 마음이 들 때가 있긴 하지만 이제는 이 사람이 우리 가족을 많이 사랑하는 것을 느끼겠어요.

혜진 씨는 남편에게 화가 날때마다 잊지 말아야겠다고 다짐한 것이 있다고 했다.

> 아 내: 저는 저만 남편의 인정과 사랑을 받고 싶은 줄 알았는데 아니었어요. 남편에게도 제 인정과 사랑의 말이 참 중요하다는 걸 알게 됐어요. 남편이 나에게 화를 낼 때는 '인정의 말과 사랑의 말이 필요한 때구나.'라고 알아차리고 그렇게 해줘야겠어요.

상민 씨와 혜진 씨는 이제 서로의 마음, 욕구를 알아봐 주는 대화를 할 수 있게 되었다. 그것은 왜 그 말을 하는지 물어보는 아주 간

단한 변화지만 쉽지 않은 변화에서 시작됐다. 따로 상담을 하고 있던 예은이도 부모의 변화를 보고 기뻐했다.

> 딸 : 선생님, 요즘 엄마 아빠가 달라졌어요.
>
> 나 : 어떻게 달라지셨어요?
>
> 딸 : 전에는 식탁에서 서로 말도 안 하고 밥을 먹는 때도 많았는데 지금은 얘기를 많이 하세요. 얘기를 하면 싸움이 되는 경우가 많았는데 지금은 얘기를 해도 안 싸우세요.
>
> 나 : 그러시구나. 그걸 보는 예은이는 마음이 어때요?
>
> 딸 : 좋아요. 마음이 편해요. 또 어떻게 달라질까 두려운 마음도 있긴 하지만 아무튼 지금은 좋아요.
>
> 나 : 그럼 이제 부모님께 얘기하기 편해졌겠어요.
>
> 딸 : 이전보다 훨씬 편해졌어요. 부모님이 지금처럼만 사이가 좋으면 살 것 같아요.

예은이가 활짝 웃었다. 나는 기쁘면서도 마음이 아팠다. 자녀가 부모의 불화에 얼마나 마음의 상처를 입는지, 또 얼마나 부모의 화목함을 원하는지 깊이 느껴졌다. 그리고 가족 간에 얼마나 서로의 인정과 사랑을 원하는지도.

Chapter 2

대화가 마음대로
되지 않는 이유

추측하고 해석한다

물어보지 않고 내 마음대로 생각한다

Chapter 1의 상민 씨와 혜진 씨는 소통이 안 되는 전형적인 대화 패턴을 보여 주었다. 상민 씨도 혜진 씨도 '저 사람의 마음은 이럴 거야.'라고 추측하거나 해석했다. 소통이 안 되는 관계에서는 대부분 이렇게 한다. 상대가 어떤 뜻으로 말을 했는지 물어보지 않고 상대의 의도를 추측하고 해석하며 판단을 한다. 이 과정은 거의 순식간에 진행되며 단지 나의 해석과 판단일 뿐인데도 상대방이 그런 의도였다고 믿어 버린다. 추측이 검증되지 않은 채 확신으로 변한다. 추측이 확신이 되면 서로 간의 대화는 오해와 억울함이 엉켜서 쉽게 감정적이 된다. 결국 서로에 대해 "도대체 대화가 안 되는 사람."이라는 낙인을 찍으며 대화는 단절된다.

상민 씨와 혜진 씨가 처음으로 "무엇 때문에 그런 말을 했느냐?"고 물어보았을 때 서로의 생각과는 영 나른 얘기들이 나왔다. 상민 씨는 아내가 주말에 마트에 가자고 하는 이유를 집안일을 시키고 싶어서라고 생각했는데 정작 아내는 행복한 가정을 만들고 싶어서였다. 어린 시절 집안이 갑자기 기울면서 가족이 함께 무엇을 해 본 경험이 없던 혜진 씨는 마트에서 함께 장을 보는 가족들이 행복해 보여서 자신도 남편과 같이 마트에 가고 싶었던 것이다. 상민 씨는 아내의 이런 마음을 모른 채 아내가 자기가 쉬는 꼴을 보지 못한다고 추측하곤 억지로 끌려가듯 마트에 다녀와선 피곤해 하고 혜진 씨로부터 정서적 거리감을 느꼈다.

혜진 씨도 상민 씨를 오해했다. 시댁에 음식을 싸 주라고 말하는 이유가 남편이 자기 생색내려고 그러는 것이라고만 생각해서 얄미워했는데 남편에게 부모님 앞에서 음식 솜씨 좋은 아내와 다복하게 살고 있음을 보여 주어 인정받고 싶어 했던 마음이 있음을 알게 되었다. 이런 마음은 서로 묻지 않으면 알 수 없다. 평소 이런 질문을 하며 대화를 하는 경우는 많지 않다. 자기 입장에서 생각하고 상대방을 비난하는 경우가 더 많다. 비난을 하면 이런 속마음은 더욱 드러나지 않은 채 갈등의 골만 깊어진다. 상민 씨와 혜진 씨만 이러는 것이 아니다. 많은 부부가 이런 식으로 대화를 한다.

아내가 자신을 무시한다는 정 씨 이야기

상담실에 온 40대 직장인 정 씨. 아내가 자신을 무시한다며 화가 많이 나있다.

> 나 : 선생님, 무슨 일이 있었기에 얼굴이 굳어 있는 것처럼 보여요. 제가 느끼기에는 선생님이 화가 난 것처럼 보여요. 맞나요?
>
> 정 씨: 그럼 아내가 자기를 무시하는데 화내지 않을 사람이 있나요?
>
> 나 : 그러시군요. 무엇을 보고 무시했다고 느끼셨나요?
>
> 정 씨: 아내는 저더러 능력이 없다고 했어요. 그러니 저를 무시한 거죠. 저를 늘 무시해요. 같이 살기 힘든 여자예요.
>
> 나 : 아내 분께 나를 무시했는지 물어보셨나요?
>
> 정 씨: 그런 걸 물어봐야 아나요? 능력 없다는 말이 무시한다는 거지!
>
> 나 : 그래도 한 번 물어보시면 어떨까요?
>
> 정 씨: 그런 것을 어떻게 물어요. 상담사 님은 그럴 수 있어요?

상대방이 무슨 뜻으로 그 이야기를 했는지 물어보지 않으면 자기 입장에서 추측을 하면서 자동적으로 해석을 하게 된다. 상대방의 의도와는 상관없는 추측과 해석이 내려진다. 그렇게 되지 않으려면 물어보아야 한다. "당신, 이렇게 말을 했는데 그게 무슨 뜻이야?"라고 말이다. 아내가 "당신은 능력이 없다."고 얘기한 것이 정 씨를 무시한 것인지 아닌지는 정확히 모른다. 물어봐야 안다. 그런데 정 씨는 그런 것을 어떻게 물어보느냐고 한다. 나는 정 씨에게 물어보았다.

나 : 그런 질문을 하면 어떨 것 같으세요?

정 씨: 그런 것을 묻고 사는 사람이 있을까요?

나 : 그런 마음이 드시는군요. 그런데 다른 사람 말고 선생님께서는 물어보면 내 안에 어떤 감정이 생길 것 같으세요?

정 씨: 글쎄요. 쪼잔한 느낌이 들겠죠. 나더러 능력 없다고 말한 게 무슨 뜻이냐고 묻는 자체가 창피스러운 일이죠.

나 : 창피하시군요. 무엇 때문에 창피한 건가요?

정 씨: 잘난 사람이 부인한테 그런 말을 듣겠어요? 못났으니까 그런 말을 듣는 거죠.

나 : 그러니까 부인한테 능력 없다는 말을 듣는 것 자체가 못난 사람이라고 느끼신다는 거네요.

정 씨: 그렇죠! 그런데 거기다 대고 뭘 묻겠어요. 집사람은 늘 내 약점을 물고 늘어지죠. 누구는 능력 있게 살고 싶지 않겠습니까?

나 : 못났다고 여기는 것이 부인인가요, 선생님인가요?

정 씨: 네?

정 씨는 잠시 눈을 껌벅거리더니 나를 **빤히** 쳐다보았다.

정 씨: 대놓고 그런 말을 하지는 않았지만 능력 없다고 얘기한 게
　　　 못났다는 얘기를 한 거나 마찬가지지요. 그러니 부인이 그
　　　 렇게 생각하는 것 아니겠어요? 상담사 님은 자꾸 같은 말씀
　　　 을 하시네요.
나 　: 그렇군요. 그런 느낌이 드셨군요. 선생님 입장에서는 그럴
　　　 수도 있겠네요. 그런데 선생님은 지금 부인이 그렇게 느꼈
　　　 을 것이라고 추측하고 계시네요. 하지만 그 마음은 정확히
　　　 누구의 마음인가요?

잠시 눈을 깜박거리던 정 씨가 대답했다.

정 씨: 그게…… 제 마음인 것 같네요.
나 　: 그래요. 부인은 선생님에게 능력이 없다는 말을 했어요. 그
　　　 런데 그 말을 듣고 못났다거나 무시한다고 느낀 것은 선생
　　　 님인 것 같아요. 이 말이 어떻게 들리세요?
정 씨: 그렇긴 한데 그게 그 말 아닌가요?
나 　: 그런 생각이 드시는군요. 부인의 "당신은 능력이 없다."는

얘기를 들을 때 기분이 안 좋을 수는 있어요. 그렇지만 아내에게 그런 말을 듣는 사람은 못난 사람이라고 느끼는 것은 '부인이 아닌 나'라는 것을 아시나요?

정　씨: 그럼 아내가 나더러 능력이 없다고 한 이야기가 나를 못났다고 생각해서 한 이야기가 아닐 수도 있다는 건가요?

정 씨의 얼굴이 밝아졌다.

나　：그건 부인에게 좀 더 물어봐야죠.

정　씨: 물어보나 마나 일 것 같긴 하지만 한번 물어보죠.

일주일 후 정 씨는 상담에 왔다.

나　：부인에게 물어보셨나요?

정　씨: 네, 물어봤죠.

나　：뭐라고 물어보셨나요?

정　씨: "당신 지난번에 나더러 능력 없다고 그랬는데 그거 무슨 뜻으로 한 말이야?"라고 물어봤죠.

나　：아주 잘 물어보셨네요. 뭐라고 대답하시던가요?

정　씨: 아는 사람이 여름 휴가로 해외 여행을 다녀왔다고 자랑을 하는데 자기는 가지 못해서 속상해서 그렇게 말한 거라네요.

나 : 능력이 없다는 얘기가 남편을 무시해서가 아니라 본인이 하
고 싶은 것을 못하게 돼서 그랬다는 거네요. 그 말을 들을
때 기분이 어떠셨어요?

정 씨: 의외였죠. 나는 나를 무시해서 그랬다고 생각했는데 그게 아
니었다니 황당하기도 하고…… 그래서 내친김에 나더러 능
력 없다고 얘기한 게 나를 무시해서 그런 것 아니냐고 했죠.

나 : 그랬더니요?

정 씨: 당신 무시한 거 아니라고. 요즘 같은 때 회사에 붙어 있기만
해도 능력 있는 거라고. 당신 능력 있다고 하던데요. 하하.

나 : 그 말이 어떻게 들리셨어요?

정 씨: 아내가 내 회사 생활 힘든 것을 알아주는구나 싶었어요. 뭘
그런 것을 물어보나 했는데 물어보길 잘한 것 같습니다.

물론 모든 대화가 정 씨처럼 해피엔딩으로 끝나지는 않는다. 그
러나 마음에 걸리는 말이 있을 때 속으로 추측하고 해석하며 마음
고생을 하느니 상대방이 어떤 뜻으로 그 말을 했는지 물어보면 전
혀 예상하지 못한 답변을 들을 수 있다. 특히나 가까운 사이일수록
더욱 그렇다. 부부나 부모 자식 간에 이야기를 할 때는 서로 잘 안
다고 생각해서 추측하고 해석을 할 때가 더 많다. 그러고는 자신의
생각이 맞는다고 생각한다. 그러나 가까운 사이일수록 더 상대방의
마음을 모를 수 있다. 추측하고 해석하는 것이 일상적이 될수록 오

해가 깊어지니 말이다.

"아버지는 왜 나를 때렸어요?" 물어보지 않았던
정훈 씨 이야기

15년 전 경험한 일로 아버지에게 마음을 닫아 버린 정훈 씨. 정훈 씨는 이 일로 아버지뿐 아니라 대인 관계에서 엄청난 고통을 경험하고 있다. 자신의 감정을 드러내지 못하고 추측하고 해석하며 왜곡하는 역기능 작용이 심해 한 번 정훈 씨와 대화를 한 사람이면 대판 싸우거나 다시는 만나고 싶어 하지 않기 때문이다.

정훈 씨는 열 살 때 턱이 돌아갈 정도로 아버지에게 따귀를 맞은 적이 있다. 친하게 지내던 가족과 함께 저녁을 먹는 자리에서 아이들끼리 약간의 실랑이가 있었는데 아버지가 다른 가정 아이의 이야기만 듣고 정훈 씨의 따귀를 때린 것이다. 따귀를 맞은 정훈 씨는 당시에 무슨 일이 일어난 건지, 왜 그런 일이 일어났는지 이해할 수 없었다고 했다. 공개적인 자리에서 일어났던 이 사건은 정훈 씨에게 씻을 수 없는 상처가 되었다. 마음 깊은 곳에 따귀를 때린 아버지와 그것을 보고도 자신에게 아무런 위로를 해 주지 않았던 어머니에 대한 분노와 불신감, 다른 사람들 앞에서 그런 일을 당한 수치스러움이 깊이 자리 잡았다. 정훈 씨는 그 날 이후 '아무도 믿지 말자. 부모도 나한테 그러는데 누군들 믿을 수 있겠어. 그래야 고통을 느끼지 않을 거야.'라고 되뇌며 살았다.

정훈 씨는 사람들과 관계 맺는 것을 피했다. 어쩌다 관계를 맺어도 상대에게 물어보지 않고 짐작, 추측하고 해석하는 대화로 자주 오해가 생겼고 오해가 생기면 대부분 갈등이 심화되었다. 그러면 관계를 단절하며 '역시 사람들은 믿을 수 없다.'는 부정적인 자기 생각을 강화시키곤 했다. 정훈 씨도 자신의 마음을 표현하고 상호 소통하고 싶었다. 하지만 아버지와의 부정적 경험은 깊은 트라우마가 되어 말을 하고 싶은 욕구를 억압했고 가까이 하고 싶은 대상이 다가오면 오히려 그 대상의 의도를 오해하고 왜곡하며 차단하는 파괴적인 반응을 보였다.

나와의 상담 전 정훈 씨는 아버지의 힘에 통제를 받는 상태였다. 경제력이 있는 아버지는 정훈 씨뿐 아니라 다른 자녀들에게도 말을 듣지 않으면 돈을 주지 않겠다고 위협을 하곤 했다. 정훈 씨는 아버지를 속물이고 나쁜 사람이라 여겼다. 아버지에게 대 놓고 싫은 내색을 하지 못했던 정훈 씨는 어머니를 통해 아버지와 대화를 했다. 아버지는 정훈 씨에게 안전하거나 신뢰할 수 있는 대상이 아니었다. 아버지에 대한 정서적 트라우마로 아버지를 보면 불안과 두려움이 생겼다. 정훈 씨는 상처를 덜 받기 위해 아버지와 정서적 거리를 두고 혼자서 아버지의 마음을 추측하고 해석하는 일방통행의 관계를 맺었다.

이 때문에 다른 사람과의 관계에서도 혼자 추측하고 해석하는 일방적인 관계를 맺어 왔다. 정훈 씨는 그 사건이 생긴 이후 15년 동안 단 한 번도 아버지에게 "그때 왜 내 따귀를 때렸어요?"라고 물어보지 않았다. 물어봐야 한다고 생각해 본 적도 없었다. 정훈 씨에게는 자연스러운 일이기도 하였다. 아버지는 자녀들에게 지적하고 조언하는 일 외에 의견을 물어보는 적이 없었다. 어머니도 마찬가지였다. 아버지와 어머니가 정훈 씨의 의견이나 마음을 물어봐 주는 일이 없었기에 정훈 씨도 물어보는 것이 생소하고 어색했다. 스스로에게 '물어보면 안 된다.'는 암묵적인 신호를 보내며 살았는지도 모른다.

정훈 씨는 상담을 통해 아버지에게 이런 질문을 할 수 있게 되었다. 상담자인 나와 안전한 관계 속에서 묻고 대답하는 과정을 거치며 물어봐도 괜찮다는 긍정적 경험을 함으로써 물어볼 수 있는 에너지가 생겼다. 아버지에게 "그날 왜 내 따귀를 때렸느냐?"고 물었을 때, 정훈 씨 아버지는 그날 일을 잘 기억하지 못하고 있었다. "아마도 내 자식이 여러 사람이 있는데서 싸우는 아이라는 게 싫고 창피해서였을 것이다."라고 했다. 정훈 씨가 울면서 "그 일이 나에게 얼마나 커다란 영향을 미쳤는지 아느냐?"라고 원망하듯 물었을 때, 아버지는 "그런 줄 몰랐다. 미안하다."고 했다. 자신을 그렇게 오랜 세월 얽어매던 일이 아버지에겐 기억조차 나지 않는 일이었다니 정훈 씨에게는 기가 막히는 일이었다. 아버지의 사과를 받았지만 정훈 씨는 마음의 앙금이 다 풀리지 않았다. 그 후 오랜 기간의 상담을 거쳐 다른 사람들과 일상적인 대화를 편하게 나눌 수 있게 되었다.

정훈 씨 아버지가 다른 아이의 말만 듣고 따귀를 때리기 전, 정훈 씨에게 "무엇 때문에 싸웠니?"라고 물어봐 주었더라면 어땠을까? 아버지 혼자 추측하고 판단하지 말고 정훈 씨가 무엇 때문에 그랬는지 묻고 이유를 들어준 뒤 "그래도 친구와 싸우면 못써!"라고 야단을 쳤더라면 어땠을까? 그러면 그 오랜 세월 정훈 씨가 분노와 억울함과 불신에 시달리지 않고 사람들에게 마음을 표현하며 사는 것이 그렇게 힘들지 않았을 것이다. 물어봐 주는 것, 그 자체가 소통이다. 묻는 행위 자체가 '나는 네 의견이 중요하다.'는 의미를 전달하기 때문이다.

우리는 왜 추측하고 해석하며 묻지 않는가

물어보지 않아도 잘 안다고 생각한다

정훈 씨 아버지가 정훈 씨에게 묻지 않은 이유나 아내에게 화가
났던 정 씨가 아내에게 물어보지 않은 이유는 무엇일까? 다른 이유
가 있을 때도 있지만 보통 물어보지 않아도 상대의 생각을 잘 안다
고 생각하기 때문이다. 너무나 당연해서 물어볼 필요조차 없다고
믿는다. 상대의 얘기를 추측하고 해석을 할 때는 의식을 하든 하지
않든 이전에 유사한 경험을 한 경우가 많다. 그래서 물어볼 필요도
없이 확실하다고 생각하고 추측하고 해석을 하곤 한다.

나는 정 씨에게 물어보았다.

나 : 혹시 예전에 "능력이 없다는 건 못난 사람."이라는 얘기를 들은 적이 있으신가요?

정 씨: 능력 없으면 못난 것 아닌가요? 다들 그렇게 생각하지 않나요?

나 : 글쎄요. 그건 사람들한테 물어봐야겠죠. 정 선생님이 그런 경험을 하셨는지 생각해 보시겠어요?

곰곰 생각하던 정 씨가 얘기를 했다.

정 씨: 그러고 보니 저희 어머니가 아버지에 대해 그렇게 얘기하는 것을 자주 들었던 기억이 나네요. 어머니는 "네 아버지는 능력이 없다. 남자가 능력이 없으면 못난 사람이다. 그러니 넌 공부 열심히 해라."라고 하셨어요. 어려서부터 그 이야기를 들었어요.

나 : 그러셨군요. 어머니가 그런 말씀을 하신 특별한 이유가 있었나요?

정 씨: 고등학교 때 아버지가 하시던 일이 잘 안 돼서 집안 형편이 어려워졌어요. 이후 아버지는 이런 저런 일을 하셨는데 다 잘 안 돼서 우리를 가르치고 생활을 책임졌던 것은 어머니였어요. 어머니가 고생을 많이 하셨어요.

나 : 그랬군요. 아버지 일이 잘 안 될 때 어머니는 어떤 반응을

보이셨나요?

정　씨: 어머니는 아버지께 화를 내셨어요. 아버지더러 능력 없고 못난 사람이라고 얘기하셨어요. 그럴 때마다 전 아버지가 무시당한다고 느꼈어요. 실제로 집안에서는 엄마가 모든 일에 결정권이 있었으니까요.

나　: 그래서 그러셨군요. 정 선생님이 충분히 그런 마음이 드실 수 있겠네요.

사람들은 추측을 할 때 그럴듯한 근거를 가지고 추측하고 판단한다. 그래서 더 위험하다. 본인의 해석과 판단이 틀릴 수도 있다고 느끼지 못하기 때문이다. 본인의 삶의 경험상 그런 상황에서는 그런 뜻으로 얘기한 경우가 대부분이고 그럴 때마다 경험했던 부정적 느낌이 올라와 자동적인 반응을 하게 된다. 그러나 상민 씨와 혜진 씨, 정 씨의 사례에서 보듯 상대방에게 물어보면 내 느낌, 생각과는 아주 다른 이야기가 나오는 경우가 많다. 물론 모든 추측이 다 틀리지는 않는다. 하지만 추측이 맞아도 그 의도가 내가 생각했던 것과 다른 경우도 많이 있으므로 어떤 경우든 상대방에게 무슨 뜻으로 그 이야기를 한 것인지 묻는 것이 관계에는 좋은 영향을 미친다.

불안하고 두려워서 묻지 못한다

정 씨가 아내에게 물어보지 않는 또 다른 이유는 불안하거나 두려움이 있어서다. "능력이 없다는 말을 듣는 것 자체가 못난 사람"이라는 말은 실은 부모의 영향을 받아 내사된 생각이었다. 스스로에게 자신이 있는 사람은 상대방이 능력이 없다고 얘기를 하더라도 자신을 바로 '능력 없는 못난 놈'으로 연결시키지 않는다. 사람은 어떤 부분에서는 능력이 있고 어떤 부분에서는 능력이 없는 존재이므로 그런가보다 하고 넘길 수도 있다. 정 씨는 그렇게 넘기지 못했다. 자기 안에 스스로 '내가 못나지 않았나?' 하는 불안과 그것이 드러날까 봐 두려워하는 마음이 있었기 때문이다. 정 씨는 아내에게 물어보면 당연히 자신처럼 생각할 것이라 여겨 물어보기 두려워했다. '못난 놈'이라는 것을 다른 사람에게 확인받고 싶은 사람은 없으니까 말이다.

물론 실제로 아내가 정 씨를 못났다고 생각했을 수도 있다. 그러나 아내의 말보다 정 씨 스스로가 자신이 무능력하며 못났다고 느끼기 때문에 아내의 말이 정 씨의 마음을 건드렸다. 그 말은 정 씨의 마음에 '내재되어 있던 억압된 정서인 불안과 두려움'이 드러나게 하는 역할을 했을 뿐이다. 이런 감정은 맞닥뜨리고 마주 하기엔 견디기 어려운 감정이다. 자기 감정이면서도 자기의 것으로 받아들이기 힘들다. 그래서 능력 없는 못난 놈이라는 내 감정을 내 감정이 아니라고 피하고 싶어 아내가 그렇게 생각한다며, 괴로움의 원인을 아내에게 투사하여 돌리고 있다.

이를 심리상담적으로 보면 내사와 투사가 동시에 일어나는 것으로 볼 수 있다. 유사 상황에서 보여 주었던 중요한 사람, 주로 부모의 가치관, 생각, 태도를 무비판적으로 흡수해서 마치 자신의 것인 양 받아들이는 내사(introjection)가 일어나 다른 사람의 생각과 태도를 내 것으로 받아들이는 것이다. 이때 자신의 욕구와 생각, 감정은 억눌린다. 그러다가 비슷한 상황에서 다른 사람이 자기와 같은 행동을 했을 때. 자신의 욕구, 생각, 감정을 상대의 것으로 지각하는 투사(projection)가 일어난다. 내사 과정에서 자기 본래의 욕구와 생각, 감정을 억누르고 중요한 사람의 것을 받아들이며 살다가 다른 사람이 자기 같은 행동을 했을 때, 다른 사람도 자기의 눌린 욕구와 생각, 감정을 가지고 했을 것이라고 생각하는 것이다.

내 괴로움의 원인을 상대방에게서 찾는 것. "그 사람이 그렇게 말했기 때문에 내가 화를 내지." 또는 "그 사람이 그렇게 행동하니까 내가 화를 내지."라고 자신의 화나는 감정을 상대방의 탓으로 돌리는 반응. 이는 사람들이 괴롭고 힘든 정서적 경험을 할 때 보이는 일반적인 반응이다. 대화 도중 특별히 강렬한 감정을 느낄 때 그것은 내 안의 상처, 부끄러움, 외로움, 불안, 두려움, 수치심 등이 건드려졌을 때인데 이를 감당하기 어려워 상대방을 비난하며 이 감정들을 떨쳐 버리려 한다. 이때 정 씨의 마음에는 자신의 억압된 부정적 정서와 욕구, 즉 무능해서 못난 사람으로 취급되며 무시당할 것 같은 불안하고 부끄러운 정서와 반면에 능력이 있어 괜찮은 사람으로 인정받고 싶은 욕구가 함께 작용한다. 정 씨는 '능력 없으면 못난 사람이야.'라는 어머니의 가치관을 내사하여 아버지처럼 무시당하지 않으려고 부단히 애써 왔다. 능력 있는 사람이 되려고 노력해 왔다. 이렇게 애쓰는 자신을 알아주고 이해해 주길 바라는 욕구, 인정받고 싶은 욕구가 있다. 하지만 어머니는 이런 정 씨를 알아주고 인정하기보다 더 노력해서 더 잘하라는 말씀만 많이 하셨다. 어머니로부터 충분히 능력 있는 괜찮은 사람으로 칭찬받거나 인정받지 못한 정 씨는 이 욕구가 충족되지 않았다.

정 씨는 객관적으로는 충분히 능력 있는 사람임에도 스스로 만족하지 못한 채 부족함을 느끼며 늘 "조금 더, 조금 더." 하며 자신을 질책하며 살았다. 심리 내적으로는 못나고 열등해서 무시당할지도 모른다는 마음에 불안한 정서로 살았다. 그래서 누군가 조금만 자기를 무시하는 것 같으면 이전에 어머니가 아버지를 능력 없다고 무시하는 것과 같이 못난 사람으로 취급하는 것만 같은 마음이 들어 상대를 비난하고 공격한다. 상대를 비난함으로써 자신 안에 있는 무능력하고 못난 사람이 되어 무시당할 것 같은 불안과 두려움을 덮어서 가려 버린다. 그래야 능력 있는 멋진 사람이 되고 싶은 자신의 감정과 욕구가 좌절되는 고통을 직면하지 않을 수 있기 때문이다.

하지만 이는 내적인 에너지가 없어 자기의 약한 모습을 보여 주지 못하는 미성숙한 태도로 관계를 나빠지게 만드는 태도다. 내 욕구와 감정을 내 것이 아니라고 투사하여 탓하는 이런 상태에서는 상대방에게 물어볼 수도 없고 대화도 잘 될 수가 없다. 상대방의 말과 행동에 내 안의 표면적(이차적)인 정서인 분노와 심층적인(일차적)인 정서인 불안과 두려움이 건드려진 것임을, 그리고 그 정서가 나의 것임을 볼 수 있으면 굉장히 훌륭한 사람이다. 상대를 비난하는 대신 "당신이 그렇게 말을 하니 내가 능력 없는 사람이 돼 무시당할까 봐 두려웠어. 못난 사람으로 비쳐질까 봐 불안하고 두려웠어."라고 자신의 약함을 말하는 것이 내적인 에너지가 있는 성숙한 태도다.

방어하느라 묻지 못한다

추측과 해석으로 오해가 깊어졌던 또 다른 부부의 사례다. 이 부부는 남편이 집안일을 도와주지 않는 것으로 오랫동안 다투다가 이혼 신청을 한 상태다.

나 : 여기에 어떻게 오시게 되었나요?

아 내: 저는 이 사람같이 이기적인 사람과는 살 수가 없어요. 법원에서 상담받으라고 하니까 왔지, 사실 이 자리에 올 필요도

없었어요.

남　편: 내가 이기적이라고? 그러는 당신은? 당신도 뭐든 당신 마음
　　　대로 하잖아!

아내의 '이기적'이라는 말에 자극을 받은 남편이 아내를 공격한
다. 사람들은 불편한 말을 들으면 본능적으로 자기를 보호하려고
한다. 방어 태세를 취하고 상대방의 말을 반박한다. 더 나아가 자기
애에 손상을 준 상대방을 더 센 말로 공격하며 이기적이지 않은 좋
은 사람으로 보이고 싶은 욕구와 아내의 공격에 화난 정서를 상대
의 감정으로 돌려 손상된 자기애를 회복하고 싶어 한다. 그러니 부
인에게 무엇 때문에 '이기적'이라는 말을 했는지 물어볼 여유가 없
다. 대화는 곧 누가 더 센 공격을 하는지 보여 주는 격투장이 된다.

나　：아내 분, 남편이 이기적이라고 하셨는데 무엇을 보고 남편
　　　이 이기적이라고 느끼시는 건가요?
아　내: 남편과 저는 둘 다 일을 하고 있어요. 이 사람은 집에 와서
　　　아무것도 도와주지 않아요. 집안일도, 아이를 돌보는 일도
　　　다 저한테만 맡겨 놓고 나 몰라라 하는 거예요.
남　편: 남자들이 직장 생활을 하면 다 그렇지 않습니까? 회사 끝나
　　　고 피곤한 상태로 집에 오는데 집에서는 쉬고 싶은 거지. 가
　　　족에게 관심이 없어서이겠습니까? 그걸 가지고 이혼을 하

겠다니······ 저런 사람하고 살려니 제가 얼마나 힘들겠습
니까?

아 내: 당신만 일해? 나도 일하잖아!

남 편: 그렇게 힘들면 관두라고 했잖아.

아 내: 관두면 우린 어떻게 살아? 당신 월급으로 어떻게 사느냐고!
저는 이렇게 생각 없고 이기적인 사람과는 살 수가 없어요.

   나 : 생각 없고 이기적인 사람과 살 수 없다고 느끼시는군요. 그
러면 아내 분은 남편에게 뭘 원하세요?

아 내: 집에 돌아와서 아이도 봐주고 집안일도 거들어 주면 좋겠어
요. 그것을 저를 위해서 하는 것이 아니라 자신이 할 일로
생각해서 해 주면 좋겠어요.

   나 : 남편 분은 아내가 이런 것을 원한다는 것을 아셨나요?

남 편: 대충 짐작은 했지만 이렇게 얘기 듣는 건 처음이에요. 이 사
람은 뭘 원하는지 얘기는 하지 않고 화만 내요.

아 내: 제가 한두 번 얘기한 게 아닌데 저렇게 얘기하다니 기가 막
히네요.

남 편: 저도 집에서 도와줍니다. 집사람은 늘 저를 아무것도 안하
는 사람으로 매도하는데 잘 해 주려다가도 비난하는 소리를
들으면 아무것도 하고 싶지 않아요.

아 내: 당신은 겨우 내가 얘기하는 것만 하잖아. 다 내 일인데 당신
이 도와준다는 식이잖아. 같이 사는데 그게 왜 다 내 일이

야? 나는 돈도 벌고 집안일도 하고 아이도 보고 도대체 내
가 어떻게 다해? 내가 무쇠야?

나 : 회사 일에 집안일까지 하시면서 그동안 두 분 모두 정말 힘
드셨을 것 같아요. 지금 이렇게 두 분이 이야기를 하시면서
어떤 마음이 드세요?

아 내: (흐느끼며) 맞아요. 저는 이제 너무 힘들어서 더 이상 이렇게
는 살 수는 없어요.

남 편: ······.

아내는 말을 하다 설움이 복받쳐 눈물을 흘렸고, 너무 힘들다며
서럽게 우는 아내를 보며 남편의 표정이 어두워진다.

나 : 아내 분이 남편에게 이기적이라고 했던 것은 너무 힘들다는
얘기였네요. 아내 분, 맞나요?

아 내: 맞아요. 나는 너무 힘든데 남편이 도와주지를 않으니 이기
적이라는 말이 나오는 거지요.

나 : 결국 이기적이라는 말은 '나를 도와 달라.'는 표현이었네요.

아 내: 그래요. 나를 도와달라는 말이었어요. 이이가 내가 힘든 것
을 몰라주고 자기는 하고 싶은 거 다 하는 것 같을 때마다
'내가 왜 결혼을 했나?'라는 회의가 밀려왔어요. 저 사람은
나와 아무 상관이 없는 '남' 같아요.

나 : 남편이 나 힘든 것을 몰라주고 도와주지도 않을 때 남편이
      아니라 남 같다고 느끼셨군요. 그래서 남 같다고 말하는 거
      고요. 남편 분은 아내의 이 말을 들으니 어떠세요?
남 편: 아내가 늘 나더러 이기적이라고 하면서 나를 공격한다고만
      생각했는데 너무 힘들어서 도와달라는 얘기였다니…… 아
      내가 이렇게 힘들어 하는 줄은 몰랐어요. 나한테 늘 화를 내
      서 나를 미워한다고만 생각했어요. 아내에게 미안하네요.

아내의 눈물과 남편의 미안하다는 말은 회복될 수 없을 것 같아
보였던 두 사람의 관계에 변화를 가져왔다. '이기적'이라는 말이 무
슨 뜻인지 물어보면서 '당신의 도움이 정말 필요해.'라는 아내의 속
마음이 드러났기 때문이다. 가까운 사이일수록 물어보지 않아도 상
대방이 무엇 때문에 그렇게 말하는지 안다고 생각하지만 막상 물어
보면 앞에 살펴본 사례들과 같이 전혀 의외의 얘기를 듣게 되는 경
우가 많다. 앞에서 얘기한 정 씨의 경우는 아내가 자기를 무시하며
못난 놈이라고 여긴다고 생각했는데 알고 보니 해외 여행을 가고
싶은 마음이 충족되지 않은 때문이었다. 지금 이 부부는 아내가 자
신을 미워해서 이기적이라고 공격하고 비난한다고 생각했는데 '힘
들다' '도와 달라'는 얘기였음을 알게 되었다. 비난이나 공격의 말은
많은 경우 나를 공격하기 위해서가 아니라 상대방이 자신의 정서,
욕구나 바람이 좌절되어서 하는 말이다.

눈치 권하는 사회, 사회가 추측하길 권장한다

우리가 상대방의 말을 어떤 뜻으로 한 것인지 잘 물어보지 않는 이유는 이런 개인적인 이유 말고도 또 있다. 가정이나 사회가 물어보는 것을 권장하지 않는다. 일일이 물어보면 이상한 사람 취급을 받는다. 많은 사람들이 어린 시절 부모나 윗사람에게 무엇을 물어보았다가 "뭘 그런 것을 알려고 해?"라며 혼난 경험이나 "넌 어린애가 별 걸 다 물어본다."며 핀잔을 들은 부정적 경험이 있을 것이다. 이런 상황을 몇 번 경험하면 무언가를 물어보면 어른이 화를 내고 싫어한다고 생각하게 된다. 어릴 때뿐 아니라 자라서 학교에 가거나 어른이 되어 회사에 가도 마찬가지다. 학교에서도 질문을 하면 "그런 것도 모르냐?"는 지적을 받거나 회사에서도 물어보면 "그런 것은 알아서 해야지. 그것을 왜 물어보느냐?"며 비난을 받을 수도 있다. 이런 부정적 정서 경험을 하게 되니, 안 물어보는 게 아니라 못 물어본다. 비난이나 공격을 당하지 않기 위해 상대방의 마음을 헤아리는 눈치가 요구되니 소통이 잘 안 될 수밖에 없다.

오히려 묻지 않고 알아서 해석하고 판단하는 것을 눈치가 있다고 인정해 준다. 눈치가 있는 사람은 센스가 있는 사람으로 인정받기도 한다. 사실 눈치와 상대방의 마음을 헤아리는 공감은 한 끗 차이다. 눈치는 상대방의 마음에 들도록 맞춰 주는 것이고 공감은 상대방을 이해하는 것이 목적이다. 어떤 목적으로 상대방의 마음을

헤아리는가가 다르다. 본인이 본인 마음도 제대로 모를 때가 많은
데 물어보지 않고는 다른 사람의 마음을 알기란 쉽지 않다.

피드백을 받지 않는다

일방적인 관계에 익숙하다

대화를 어렵게 하는 또 다른 이유는 피드백을 받지 않는 것이다. 피드백이란 내가 한 말이나 행동에 대해 상대방의 마음과 생각, 느낌을 묻는 것이다. "나는 이렇게 생각하는데 네 생각은 어때?" 또는 "나는 이렇게 느끼는데 네 감정은 어때?" "나는 이런 마음이 드는데 너는 어때?"라고 물어보는 것이 피드백을 받는 것이다. 추측하고 해석하지 않기 위해서는 상대방에게 어떤 의도로 그런 말을 했는지 묻는 것이 필요한 것처럼, 일방적이 아닌 상호작용을 하기 위해서는 내가 한 말과 행동에 대해 상대방의 마음과 생각, 느낌을 물어보아야 한다.

상대방에게 물어보지 않고 추측하고 해석하며 피드백을 받지 않는다는 것은 의도하건 의도치 않았건 내 방식대로 한다는 얘기이고 물어보지 않아 상대방을 존중하지 않는다는 얘기다. 상호작용을 하지 않고 일방적이라는 얘기다. 내 마음의 프로세스만 존재하지 상대방 마음의 프로세스는 보지 않는 것이 된다. 일방적인 관계가 되면 말하는 사람의 주의가 한 곳에 함몰되어 자기가 보고 싶은 부분만 보는 강화 고리를 만듦으로써 오해가 생기기 쉬워 상대방과 원활한 대화가 어렵고 관계는 힘들어진다.

피드백을 받지 않는 이유는 많은 경우, 자신도 피드백을 요청받은 적이 없어서다. 많은 내담자가 "그 행동이나 말에 대해 상대방은 어떻게 받아들이나요?"라고 물으면 멍한 표정을 지으며 멈칫거리다가 "잘 모르겠는데요. 그런 것을 물어보아야 하나요? 물어봐야 하는 건가요?"라고 되묻는다. 그동안 맺어왔던 관계가 일방적이었다는 얘기다. 아마도 부모하고의 관계가 "엄마(아빠)는 이렇게 저렇게 했으면 좋겠는데 네 마음은 어떠니?"라고 피드백을 요청받지 못하고 "그냥 시키는 대로 해!"의 관계였을 것이다. 어려서부터 부모님께 피드백을 요청받는 경험을 했다면 자연스럽게 남들에게 피드백을 받으려고 하게 된다. 배우고 훈련받고 본 대로 하게 되기 때문이다.

피드백을 전혀 받지 않는 집착녀, 정민 씨 이야기

평상시에는 쿨한 사람으로 보이는 정민 씨. 그런데 연애를 하기만 하면 집착(몰두)을 하면서 남자친구와 싸우고 헤어지는 일을 반복한다. 정민 씨의 연애는 같은 관계 패턴이 반복되고 있다. 사귄지 몇 달 정도가 되면 남자친구에게 원하는 것이 많아진다. 집중적으로 자신의 이야기를 들어주었으면 좋겠고 같이 있었으면 좋겠다. 그 사람이 멀어진다는 느낌이 들면 관계가 끊어질까 봐 불안하고 두려워 계속 확인하려 한다. 자신의 이런 행동에 대해 상대방이 어떻게 받아들이는지 어떻게 느끼는지에 대해 전혀 피드백을 받지 않는다. 그리고 불안해하던 것처럼 관계는 지속되지 않고 끊어진다.

정민 씨의 연애는 남자친구가 어떻게 하는지에만 포커스가 맞춰져 있다. 남자친구가 정민 씨의 말과 행동에 대해서 어떻게 느끼는지에 대해선 아무런 인식이 없다. 정민 씨는 남자친구와 연락이 되지 않거나 어디에 있는지 알고 있지 않으면 못 견뎠다. 정민 씨와 남자친구 간에 일상적으로 벌어지는 대화를 보자. 남자친구를 남친으로 줄여서 표기하겠다.

정　민: 자기 오늘 어디 갔었어? 뭐했어?

남　친: 오늘 친구 만났어.

정 　민: 어떤 친구 만났는지 왜 나한테 얘기를 안 하고 간 거야?

남 　친: 내가 얘기 안 했나? 근데 내가 어디 가는지 자기한테 일일
　　　　이 다 얘기를 해야 돼?

정 　민: 그럼, 다 얘기를 해야지. 연락이 안 되니까 화가 나잖아! 그
　　　　리고 전화는 왜 안 된 거야?

남 　친: 거기가 시끄러워서 그랬던 것 같아.

정 　민: 친구들 만나서 뭐했는데?

남 　친: 술 마셨지.

정 　민: 어디서 만났는데?

남 　친: 어휴, 내가 너한테 뭘 하고 다니는지 일일이 보고해야 되는
　　　　거니?

정 　민: 당연하지. 내가 뭐했는지 물어보는 게 싫다는 거야?

남 　친: 아이고, 그래. 내가 잘못했다. 잘못했어.

정 　민: 또 그렇게 넘어가려고 한다. 뭘 잘못했는지 알기나 해?

　정민 씨는 자기가 원하는 때에 남자친구와 연락이 되지 않으면
어디에 갔었는지, 왜 갔는지, 왜 전화는 안 되었는지를 추궁하곤 했
다. 기분이 나쁠수록 통화 시간이 길어져 1시간 넘게 이런 통화를
하곤 했다. 반복되는 정민 씨의 추궁 어린 질문과 긴 통화를 견디다
못해 남자친구가 힘들다고 말하면 바로 감정적으로 반응하면서 정
민 씨는 헤어지자는 통보를 하곤 했다.

나는 정민 씨에게 물어보았다.

> 나 ： 남자친구가 어디를 가서 뭘 하는지 정민 씨에게 일일이 다
> 말해야 하는 건가요? 그런 것을 원하는 본인을 어떻게 보
> 세요?
>
> 정 민: 글쎄요. 남들도 연인이 되면 그렇게 하지 않을까요?
>
> 나 ： 그런 마음이 드시는군요. 그러면 남자친구와 연락이 되지
> 않거나 화가 나면 매번 한 시간이나 통화를 하는 본인을 어
> 떻게 보세요? 다른 연인들은 어떻게 한대요?
>
> 정 민: 글쎄요. 제 주변에서는 남들도 그 정도는 하는 것 같던데요.
>
> 나 ： 주변 친구들도 화가 났을 때 1시간씩 통화하는구나! 다른 연
> 인들도 그렇다는 것을 직접 물어본 건가요? 본인이 그렇다
> 고 느끼는 건가요? 어느 쪽인가요?
>
> 정 민: 물어보진 않았지만 그럴 것 같아서요.
>
> 나 ： 어려운 이야기 해 주셔서 고마워요. 남자친구는 정민 씨가
> 그러는 것에 대해 어떻게 느끼고 있어요?
>
> 정 민: 글쎄요. 그런 것을 물어보아야 하는 건가요?

정민 씨가 남자친구와 오랫동안 잘 사귀려면 물어보아야 할 것
이 있다. "내가 어디서 뭘 했는지 이렇게 물어보는 것이 어때, 괜찮
아?" 또는 "내가 이렇게 오래 통화하는 것이 어때, 괜찮아?"라고 물

어보아야 한다. 남자친구가 "좀 힘들다."고 얘기할 수도 있고 "괜찮다."고 할 수도 있다. 내 행동과 말에 대해 상대방이 어떻게 느끼고 있는지 물어보지 않으면 상대와 상호작용이 없는 일방적인 관계가 된다. 일방적인 관계는 상대의 마음이나 상황을 본인의 관점에서만 보고 대함으로써 오해가 자주 생기고 경직된 관계가 되어 오래 가기 어렵다. 정민 씨는 남자친구가 자신에 대해 어떻게 느끼고 있는지 남자친구의 생각과 마음을 들어 보는 피드백을 받아서 자신이 관계 안에서 어떻게 하고 있는지 스스로를 들여다보아야 한다. 그래야 매번 반복되는 연애 패턴에서 벗어나 오랫동안 잘 만날 수 있을 것이다.

비난과 공격을 한다

내가 원하는 대로 되지 않을 때 비난한다

앞에서 대화가 잘되지 않는 이유가 물어보지 않고 추측하고 해석하고 피드백을 받지 않기 때문이라 했다. 대화가 되지 않는 또 다른 이유는 비난하고 공격하는 대화 방식 때문이다. 비난은 '내 감정이나 마음을 드러내지 못하고 상대방을 부정적으로 해석해 말하는 것'이다. "나는 이렇게 하고 싶어." "이렇게 되었으면 좋겠어." "나는 당신하고 사이가 좋아지고 싶어." "나는 당신이 크게 소리 지르는 모습을 보면 몹시 불안해." 이렇게 자기 마음을 말하는 대신 "네가 잘못했으니까 고쳐." "그렇게 행동하면 안 되지." "그렇게밖에 못하니?"라고 말하는 방식이 비난이다.

"당신은 왜 이렇게 요리를 못해?" 저녁에 가족들이 모인 식사 자리에서 남편이 아내에게 이렇게 말을 했다. 아내 입장에서는 열심히 식사 준비를 해서 차려 놓았는데 맛있다거나 수고했다는 말은 하지 않고 비난을 당하니 마음이 상한다. 그래서 공격과 방어를 하게 된다.

남편은 어떤 마음으로 그 말을 했을까? "난 맛있는 음식을 먹고 싶고, 요리를 잘하는 사람이 내 아내이길 바랐어."라는 마음이 있었을 수 있다. 그렇게 말을 하면 좋았을 텐데 "당신은 왜 이렇게 요리를 못해!"라는 부정적인 말을 했고 아내와의 관계는 나빠진다. 맛있는 요리를 먹고 아내와 잘 지내고 싶은 마음이 있는데 이런 마음을 표현하는 대신 아내를 비난한 것이다. 사람들은 자신과 상관없는 사람에게는 비난을 하지 않는다. 옆집 아내가 요리 솜씨가 없다고 "당신은 왜 이렇게 요리를 못해?"라고 하지 않듯이 말이다. 나에게 가까운 사람, 중요한 사람에게 비난을 한다. 비난하고 공격하는 것은 더 좋아지려고 가까워지려고 노력하는 시도이나 잘못된 시도다. 의도와 달리 상대방에게는 상처를 주고 관계는 나빠진다.

비난하는 마음 뒤에는 '나는 당신이 나를 소중하게 여겨 주고 나를 존중해 주기 바라고 당신과 잘 지내고 싶다. 가깝게 지내고 싶다.'는 마음이 있다. 비난하는 마음 뒤에는 또한 좌절된 기대가 있다. 아내가 요리를 잘했으면 하는 기대가 있는데 그것이 좌절되어

화나는 마음이 있다. 나는 뭐든 잘하는 사람이고 싶은데 내 아내가 요리를 못하니 화가 난다. 아내는 요리를 잘하고(덧붙여 아이는 성적을 잘 받아서) 완벽한 가정을 이루어야 하는데 아내가 요리를 못하면(아이가 성적이 나쁘면) 내가 그리는 그림이 나오지 않는다. '내가 원하는' 그림이 있고 그것이 안 만들어져서 화가 나는 것을 '아내 때문에(아이 때문에)' 그렇다고 생각한다. 나와 아내를, 그리고 나와 아이를 분리하지 못하는 비효율적인 의존인 미분화[1] 상태다.

비난과 공격은 내 기대가 좌절된 것에 대한 안타까움과 잘 지내고 싶다는 마음을 제대로 표현하지 못하고 상대를 부정적으로 표현하는 잘못된 시도다.

가장 소중한 사람들이라 더 비난한다

"너는 이걸 성적이라고 받아왔니? 너한테 그렇게 투자를 하는데 너는 이렇게밖에 못해?" 아들의 성적을 본 자영 씨는 소위 말해 뚜껑이 열렸다. 초등학교 4학년인 아들은 머리가 아주 좋았다. 그런데 성적은 매번 중간 이하였다. "이렇게 하면 너 서울에 있는 대학 못 간다. 좋은 대학 못가면 사람 대접 못 받아." 아들은 엄마의 말에

---

1 미분화(undifferentiated): 분화(differentiation)되지 못했다는 뜻으로, 나와 다른 사람 간의 심리적 경계가 명확치 않아 나의 일과 다른 사람의 일을 분리하지 못하고 심리적으로 융합되어 있는 상태다. 요리를 못하는 것은 아내의 일인데 나의 일로 받아들이고 있다.

인상을 쓰더니 거의 자신과 합체가 되다시피 한 게임기를 들고 제 방으로 들어간다.

자영 씨는 저녁에 남편에게 아들의 성적 얘기를 했다. "여보, 당신이 쟤 좀 붙들고 훈계 좀 해. 또 성적이 바닥이야. 게임기만 잡고 공부를 하지 않아. 저러다가 대학에도 못 가게 생겼어." 남편은 아무 말도 하지 않는다. "당신이 쟤한테 얘기 좀 하라니까!" 남편은 본인이 더 기분이 안 좋을 텐데 놔두라고 한다. "당신이 그러니까 쟤가 더 그러지. 손발이 맞아야 뭘 해도 하는데 당신이 이러니까 뭐가 안 되는 거야."

자영 씨는 아들에게도 화가 나지만 남편에게 더 화가 난다. 아들과 남편은 자영 씨가 입만 열면 화를 내고 비난을 하니 아들은 게임기로, 남편은 TV로 다들 도망가기 바쁘다. 열을 내던 자영 씨는 자신의 마음을 받아 주는 사람이 없어 주방으로 들어가 술을 한 잔 마신다. 마음이 훨씬 편안해진다. '그래, 나만 안달복달하면 뭘 하냐고. 에고.' 잔을 내려놓으며 자영 씨는 한숨을 쉰다. 그리고 아들의 다음 시험에 이런 과정이 또 반복된다.

자영 씨가 아들과 남편을 비난하는 것은 아들이 성적이 나쁜 것이 촉발제가 되긴 했지만 실은 본인의 마음이 편치 않아서다. 무엇보다도 지금 자영 씨는 자기가 사는 수준이 마음에 안 든다. 지금보다 훨씬 더 여유 있게 잘 살아야 하는데 그렇지 못해서 화가 난다. 남편이 하는 작은 퓨전 식당은 입소문이 나서 장사가 곧잘 되는 편이다. 남편이 좀 더 열심히 일을 하고 종업원 관리도 더 잘하면 훨씬 매출이 오를 텐데 남편은 늦게까지 식당 일을 하고 싶어 하지 않는다.

"평생 일할 건데 너무 힘 빼면 오래 못해. 직원들도 너무 힘들면 오래 붙어 있지 않아." 남편의 지론이었다. 그런 남편이 답답해 잔소리를 해도 소용이 없다. 답답한 마음에 자기가 가게를 나가면 남편도 종업원도 다 싫어하는 기색이다. 아들 교육도 그렇다. 남편은 자신과 한 마음이 되지 않고 늘 아들 편을 든다. 아들과 남편이 나란히 앉아 TV를 보고 있으면 자영 씨는 눈에 불이 날 정도로 화가 나면서 한편으로는 절망스럽다. 그럭저럭 사는 남편처럼 아들도 그럭저럭 살게 될 것 같아 두렵다. "지금 두 사람이 그렇게 TV나 보고 있을 때야? 당신은 일을 하고 너는 공부를 해야지. 내가 미친다. 미쳐."

자영 씨는 남들 보란 듯이 살고 싶었다. 어린 시절 잘 살다가 가세가 기울면서 세상의 쓴 맛을 보았다. 도움을 요청하며 문지방이 닳게 드나들던 친척들이 언제 봤느냐는 식으로 대했던 때, 중학생이던 자영 씨는 '두고 봐라. 내가 돈 많이 벌어서 지금의 이 수모를 갚아 주겠다.'고 다짐을 했다. 그 친척들 보란 듯이 떵떵거리며 살고 싶었는데 남편은 천하태평이다. 남편이 조금만 더 열심히 일을 하면 그럴 수도 있을 것 같은데 그렇지 못해 우울증에 걸릴 지경이었다. 머리가 좋았던 자영 씨는 좋은 대학을 나와 자기가 집안을 일으키겠다고 생각했다. 그러나 친정 엄마는 자식 두 명을 다 대학을 보낼 수는 없다며 오빠만 지원을 해 줘서 본인은 전문대학을 가야 했다. 자영 씨는 자기도 서울에 있는 대학을 갈 실력이 있었는데 가지 못한 것이 자기 인생이 꼬인 결정적인 원인이라며 두고두고 친정 엄마를 원망했다.

지금 자영 씨는 원하는 만큼 잘 살지도 못하고 남편은 자기 말에 호응도 안 해 주고 자기를 피하기만 한다. 잘살지도 못하지, 남편과 알콩달콩 살지도 못하는데 마지막 희망인 아들까지 공부를 못한다. 자영 씨로서는 소망이 없다. 남편은 이미 손을 벗어났으니 무슨 수를 써서라도 아들의 성적을 올려야 살아갈 소망이 생긴다고 믿고 있다. 자영 씨는 이런 자신의 마음을 말해 본 적이 없다.

"넌 그렇게밖에 공부를 못해? 엄마를 봐. 엄마는 뭐든 한 번 하면 제대로 하잖아. 너는 머리도 좋고 너한테 필요한 거 다해 주는데 왜 공부를 못해. 좋은 대학 못가면 잘 살 수 없어." "당신은 이래도 흥, 저래도 흥. 그래서 안 되는 거야!" 고슴도치처럼 가시를 세우고 아들과 남편을 비난하고 공격하는 자영 씨. 남편과 아들은 자영 씨의 진짜 마음이 무엇인지 알 도리가 없다. 자영 씨가 마음이 편해지고 남편, 아들과 잘 지내려면 이런 본인의 마음을 이야기해야 한다.

"현석아, 나는 네가 머리도 좋고 조금 더 노력하면 공부를 잘할 수 있을 것 같은데 그렇지 않아서 속상해. 엄마는 어렸을 때 집안이 어려워져 가고 싶은 대학을 못 갔는데 네가 좀 열심히 해서 좋은 대학을 나오기 바라는 마음이 엄마는 많은 것 같아. 너는 이런 엄마 말이 어때?" "여보, 나는 어렸을 때 집에 돈이 없어서 친척들에게 수모를 당했거든. 정말 속상하고 화가 났어. 그때 나중에 돈 벌어서 떵떵거리며 사는 모습을 보여 주고 싶었어. 나는 돈을 더 잘 버는 남편을 원하고 있었던 것 같아. 당신은 이 말이 어떻게 들려?" 자기의 마음을 이야기하면서 그 말을 어떻게 생각하는지 어떤 마음이 드는지 물어보아야 아들, 남편과 좋은 관계를 맺을 수 있다. 남편, 아들과 좋은 관계를 맺으면 남편이 돈을 더 벌지 않아도, 아들이 성적이 더 좋아지지 않아도 자영 씨의 마음이 편해질 수 있다.

비난하고 공격하는 것은 상대방과 가까워지고 싶고 내 기대를 이루고 싶은 마음이 있어서다. 이런 마음이 부모 자식의 관계에서는 일방적인 강요로 나타나는 경우가 많다. 초등학교 때까지는 아이들이 부모의 힘이 더 세니까 어쩔 수 없이 받아들이다가 사춘기가 되면 반항을 하며 심하게 엇나가는 원인이 된다. 일방적인 관계는 어른이 되어서도 부모 자식 간의 관계를 망가뜨린다. 자식을 위한다는 명분으로 일일이 지적을 하고 비난하는 행동은 원가족 안에서 부정적으로 경험한 부모나 형제로부터 겪은 자기의 창피와 수치를 가리는 행동이기도 하다. 다른 사람을 지적하는 동안에는 상대방보다 우위에 서 있는 것 같아 자신의 수치감이 가려진다고 느끼기 때문이다. 하지만 비난과 공격은 오히려 자신 안에 내재된 감정과 욕구를 억압하게 됨으로써 역기능이 생겨 고통을 더 크게 만든다. 자영 씨가 남보란 듯이 잘 살고 싶은 마음과 남편, 아이와 좋은 관계가 되고 싶은 감정과 욕구를 표현하는 대신 비난을 함으로써 자신의 충동을 억제하면 억제된 에너지의 흐름은 내면으로 향하게 되어 내적 갈등이 더 심해진다. 이로 인해 내적인 충동이 두통, 복통, 근육 통등 신체적 긴장과 고통으로 나타나는 신체화현상이 나타난다.

상대방을 바꾸려고 사사건건 행동을 지적한다

프리랜서 디자이너로 일을 하고 있는 40대 싱글인 채영 씨. 채영 씨는 이혼한 아버지와 함께 살고 있다. 채영 씨 아버지는 채영 씨가 직장 생활을 하기 원했지만 채영 씨는 다니던 직장을 나와 프리랜서로 일을 하고 있다. 채영 씨의 아버지는 딸이 변변한 직업도 없이 돈도 많이 벌지 못하며 허송세월을 하고 있다고 생각한다. 채영 씨가 결혼하지 못한 것, 직장을 다니지 않는 것, 돈을 많이 벌지 못하는 것 등등 모든 것을 마음에 들어 하지 않으며 사사건건 행동을 지적하면서 바꾸려고 한다.

채영 씨는 어쩌다 아버지와 차를 같이 타면 머리가 지끈지끈 아프다. 10분을 타고 가든 1시간을 타고 가든 계속 운전하는 것에 대해 지적을 하시기 때문이다. 처음에는 딸이 운전하는 것이 걱정되고 안전한 운전을 위해서 그러신다고 생각해서 공손히 받아들였지만 아버지가 채영 씨의 차를 탈 때마다 그러니 미칠 지경이었다.

채　영: 아버지, 운전에 집중할 수가 없어요. 알아서 할 테니 제발
　　　 그만 좀 하세요.
아버지: 알았다!

아버지는 딸의 신경질적인 목소리에 알았다고 해놓고서는 2,
3분을 못 참고 또 지적을 한다.

아버지: 또 깜박이를 안 켜고 차선을 바꾸네. 그러다가 사고 나는 거야.
채　영: 아버지~
아버지: 그래 알았다!

아버지는 2, 3분 후 또 말씀하신다.

아버지: 그렇게 차선을 왔다 갔다 하지 말고 한 차선으로 다녀라.
채　영: 아버지, 저를 믿으세요. 저도 이제 운전 경력 15년이에요.
아버지: 너는 내가 잔소리 안 하게 운전을 해라. 네 차를 타면 불안
　　　 해서 잔소리를 안 할 수가 없다. 경력이 15년인 애가 아직도
　　　 운전을 이렇게 하냐? 네 동생은 그렇게 편안하게 운전을 잘
　　　 하던데 너는 하나도 제대로 하는 것이 없구나.

채영 씨는 기분이 완전히 상해 입을 다물어 버렸다. 아버지를 병원에 모셔다 드리는 길이었는데 병원에서 진료를 받을 때도, 다시 집에 모시고 오는 동안에도 말을 하지 않았다.

채영 씨에 대한 지적과 비난은 운전할 때뿐만이 아니다. 가족과 있을 때 아버지의 대화는 기-승-전, 결론은 '채영 씨에 대한 비난'으로 갈 때가 많았다. 함께 가족 식사를 하는 자리에서다.

아버지: 너는 멀리서 온 막내 동생이 고기를 굽게 하냐? 언니가 돼서 네가 구워야지. 언니 노릇도 못하고 쯧쯧…….

둘째 딸: 아버지, 원래 고기는 아랫것이 굽는 거야.

둘째 딸이 끼어들어 분위기를 바꾸었다.

형님의 초상을 치루며 장례식장을 지킨 아버지는 첫째 딸인 채영 씨가 문상만 하고 장지까지 가지 않는다고 했을 때 사람의 도리를 모른다고 했다.

아버지: 너는 어떻게 큰 아버지가 돌아가셨는데 장지에 따라가지를 않냐? 그렇게 사람 도리를 모르면 인간이 아니다. 너는 제대로 하는 것이 하나도 없구나.

채 영: 전날 장례식장에 갔다가 너무 늦게 돌아와서 피곤해서 도저히 갈 수가 없다고 했잖아요.

셋째 딸: 아버지는 언니에 대해 왜 그렇게 비난을 하셔?

아버지: 언니면 언니다워야지. 쟤는 언니다운 데가 없고 미덥지가
　　　　 못해. 쟤는 매일 늦잠을 잔다. 아침을 내가 차려먹는다. 게
　　　　 올리 터졌다. 그리고 아직도 김치도 혼자 못 담가서 내가 김
　　　　 치 거리를 다듬어 주지 않으면 김치도 안 담근다. 여자가 돼
　　　　 가지고는 쯧쯧…….

채영 씨는 식사를 하면서 기분이 좋지 않았다. 식사할 때뿐만 아
니라 식사 후 차를 타고 집으로 돌아오는 동안에도 아버지의 지적
과 비난은 계속되었다.

다음 날 채영 씨는 아버지와 대화를 시도했다.

채　영: 아버지, 아버지가 동생들하고 식사하는데 고기도 안 굽는다
　　　 고 뭐라 하고 차를 타고 같이 올 때도 내 흉만 보는 것 같아
　　　 서 기분이 나빴어. 모든 행동 하나 하나를 다 지적하니 내가
　　　 살 수가 없어. 언니로서 동생들한테 체면도 깎이고. 아버지
　　　 는 언니 노릇하라며 동생들 앞에서 그렇게 언니를 흉보는
　　　 게 괜찮아?

아버지: 네가 뭐든 제대로 못하니까 그렇지!

채　영: 아버지는 내가 뭐든 잘해야 된다고 생각하시는 거야?

아버지: 그렇지. 뭐든 잘해야 돼!

채　영: 아버지 얘기대로 하자면 나는 돈도 잘 벌어야 되고, 식당에 가면 고기도 구워야 되고, 친척들 문상에 장지까지 쫓아다녀야 되고 살림도 잘해야 되네.

아버지: 그렇지. 다 잘해야지.

채　영: 아버지는 나에 대한 기대가 너무 크신 것 같아. 아버지가 원하는 거는 슈퍼우먼이나 할 수 있어요. 난 그렇게 다 잘하지 못해요. 나에게 불가능한 것을 바라시는 것 같아. 아버지는 이 말이 어떻게 들려?

채영 씨의 이 말에 아버지는 뭔가 생각하는 눈치였다.

아버지: 그렇긴 하지.

사사건건 지적하는 사람들은 자신이 그렇게 하고 있음을 보지 못한다. 그냥 얘기를 하고 있다고 생각하지 지적이나 비난을 통해 상대방을 본인이 원하는 대로 바꾸려 하고 있음을 인식하지 못한다. 인식하지 못하기 때문에 대화가 안 되는 것은 본인의 말을 받아들이지 않고 핑계를 대고 변명만 하는 상대방 때문이라고 생각한다. 상담은 그런 본인의 모습을 보게 해 주는 일이다.

상담을 진행하면서 알게 되었는데 채영 씨 아버지는 자신의 인생은 실패라고 생각하고 있었다. 능력도 없고 돈도 없는 가장으로

서, 남편으로서, 아버지로서도 실패한 인생을 살고 있다고 생각한다. 자기 안에 수치심이 많았다. 공부도 하지 않고 비행청소년으로 어머니의 속을 썩였던 채영 씨의 아버지는 어려서부터 호랑이 같았던 어머니의 어마어마한 잔소리를 듣고 살았다. 아직도 매일 자신 안에서 올라오는 어머니의 지적과 비난의 소리를 듣는다. 채영 씨가 무엇을 잘못하는 것 같으면 딸이 자신처럼 느껴져 어린 시절 어머니가 자신에게 했던 지적과 비난의 소리를 쏟아내곤 했다. 그러면서 자신이 그러는 것은 모두 딸을 위해서이며 딸이 잘하면 자신은 잔소리를 하지 않을 것이라고 생각하고 있다. 비난하고 공격하는 것은 무가치감, 불행감, 부끄러움, 상실감, 상처 등 부정적인 정서 경험을 가리기 위해 하는 행동이다.

상대의 의견을 중요하게 여기지 않는다

채영 씨는 아버지와 이런 관계 속에서 어려움을 겪다가 아버지께 상담을 받도록 권했다. 채영 씨 아버지는 "내가 아니라 네가 상담을 받아야 한다."고 하시면서도 딸이 아버지 때문에 못 살겠다고 하자 상담을 받으러 오셨다. 나는 채영 씨 아버님께 물었다.

나 : 아버님, 채영 씨는 아버님이 채영 씨의 행동을 일일이 지적해서 괴롭다고 하네요. 아버님은 무엇 때문에 그러세요?

아버지: 걔가 잘못하니까 내가 고쳐 주려고 그러는 것이지요.

나　: 딸을 고쳐 주고 싶군요. 채영 씨를 고쳐 주지 않으면 어떠신 데요?

아버지: 걔는 뭘 몰라요. 내가 알지. 내가 살아보니 그렇게 살면 힘이 들어요. 그러니 가르쳐야지요.

나　: 아버님이 그렇게 하는 것에 대해 따님은 어떤 반응을 보이나요?

아버지: 걔 반응이 뭐가 중요해요. 부모가 어련히 저 잘 살게 하려고 그러는 건데…….

나　: 네, 딸을 잘 살게 하려고 그러시는군요. 채영 씨는 아버님이 말씀하신대로 하면 잘 살 거라는 마음이 든다고 하나요?

아버지: 그건 잘 모르겠어요. 내가 그렇게 생각해요.

채영 씨 아버님은 전형적으로 일방통행의 관계를 맺고 있다. 40세가 넘은 딸에게도 여전히 아버지의 생각만을 강요하고 있고 딸의 의견은 물어볼 필요도 느끼지 않고 있다.

나　: 아버님이 따님의 마음이 어떤지 안 물어보시는 것은 아세요?

아버지: 걔 마음이 뭐가 중요해요? 내가 살면서 딸을 진작부터 가르쳤어야 했는데 놔 뒀더니 이렇게 천방지축이 됐어요.

나 : 그런 마음이 드시는군요. 지금처럼 살면 사는 것이 힘들 거
라고 하셨는데 그거 어떤 의미인가요?

아버지: 나처럼 힘이 드는 거죠.

나 : 아버님이 사는 게 힘이 드셨군요. 아버님은 어떻게 사셨
나요?

아버지: 나는 실패했어요. 실패자가 됐어요.

나 : 실패라고 하시는데 어떤 부분을 보고 실패라고 느끼시는 건
가요?

아버지: 부인과 이혼하고 돈도 없고 자식들도 원하는 대로 안 되고
이렇게 사는 것 말이죠.

나 : 그런 게 실패군요. 실패하면 어떤 감정이 드는데요?

아버지: 후회가 많아요. 난 인생을 잘못 살았다는 마음이 들어요. 그
러니 내가 딸은 그렇게 되지 말라고 그러는 건데 말을 안 들
어요.

나 : 딸이 말을 안 듣는군요. 그럼 아버님은 어떻게 하고 싶으신
데요?

아버지: 내가 원하는 대로 했으면 좋겠는데, 자기 생각이 어쩌고저
쩌고 변명만 늘어놓고 열심히 돈 벌 생각을 안 해요.

나 : 그럼 따님이 지금 어떻게 살고 있나요? 좀 구체적으로 말씀
해 주실래요?

아버지: 걔는 직업도 없고, 결혼도 못하고, 집에서 자기 마음대로 일

어나고 싶을 때 일어나고, 돈 버는 데는 신경도 안 쓰고, 쓸데없는 일만 하고 돌아다니고 있어요.

나 : 딸이 쓸데없는 일만 한다고 느끼시네요. 이야기를 들으며 마음이 안타깝네요. 이야기하시면서 아버님은 어떤 감정이 드세요.

아버지: 답답하죠. 돈이 있어야 힘이 있는 건데 애가 아직 철이 덜 들었어요.

나 : 그렇군요. 마음을 이야기해 주셔서 고맙습니다. 답답하다는 그 느낌은 누구의 느낌일까요?

아버지: 그야 걔가 답답하다는 얘기죠.

나 : 따님이 자신을 답답해 하나요?

아버지: 걔 때문에 내가 답답하다니까요! 걔는 정신 못 차리는 거지요. 나이가 들어도 무엇이 중요한지 모르니까. 돈이 제일 중요해요. 돈을 벌려면 걔처럼 살면 안 돼요.

나 : 이야기를 들으면서 마음이 안타깝네요. 그러니까 따님이 돈 벌 생각을 안 해서 아버님이 답답하시다는 얘기네요.

아버지: 허허. 참…… 그게 그거죠.

채영 씨 아버지가 채영 씨에게 가장 많이 하는 말이 "그것도 못하냐?"였다. 다음으로는 "사람은 투철해야 한다."였다. 그렇지 못하면 가차 없이 비난하고 공격한다. 자신이 공부와 아들 노릇을 잘하지 못하며 느꼈던 수치심과 불행감을 감추려다 보니까 딸에게 모든 것에서 완벽하게 해내는 투철함을 요구하고 그렇지 못하면 "너는 왜 그렇게 못하냐?"고 비난한다. 투철함을 요구하는 이런 역기능 가정[2]에서는 무언가를 물어볼 수가 없다. 질문을 하면 "넌 그것도 모르니?" "뭘 물어봐? 알아서 해야지."라는 말을 듣게 된다. 뭐든 잘해야 하고 뭐든 알아야 한다.

내 감정을 투사한다

채영 씨 아버지는 채영 씨가 뭐든 잘하지 못하고 잘 모르면 너무 창피하다. 청소년 시절 일탈을 하며 열심히 살지 못했던 실패자로 느끼는 자신의 모습과 딸을 동일시하고 있다. 어머니로부터 지적과 비난을 받았던 부정적 정서 경험으로 인한 수치심과 불행감은 열등감으로 연결되어 자신의 미해결 과제로 남아 있다. 이로 인해 잘해야 한다는 이슈, '사람은 뭐든 투철해야 해.'라는 틀을 갖고 열심히

---

2 역기능 가정: 남자와 여자가 만나 이루는 가정은 여러 가지 기능을 가지고 있다. 아이를 양육하고 신체적으로 심리적으로 안전한 쉼터가 되는 가정에서는 가족 구성원 간의 인격적 성장과 성숙이 잘 이루어지며 가족 구성원들의 욕구가 적절하게 충족되는 가정이다. 역기능 가정은 제 기능을 다하지 못하는 가정이다. 즉, 인간이 가지고 있는 가장 기본적인 신체적, 정서적 욕구를 충족시켜 주지 못하고 정상적인 양육을 받지 못하는 가정을 말한다. 이는 자녀들이 성숙하는 데 필요한 사랑이 부족하거나 건강하지 못한 사람이 있는 가정이다. 역기능 가정에서는 인간의 기본적인 욕구가 충족되지 못하고 오히려 인간의 감정이 억압되어 자아가 정상적으로 성장을 못한다.

자신을 채찍질하며 살아 왔다. 하지만 이혼과 경제적 어려움을 경험하며 성공적인 인생을 살지 못했다고 느껴 자신을 실패자로 여겼다. 이로 인해 딸과 자신을 동일시하며 프리랜서로 돈에 욕심을 내지 않고 자유롭게 살아가는 딸에게 성공을 강요하는 투사적 동일시 현상이 일어난 것이다. 그래서 딸의 행동을 지적하고 비난한다.

딸을 비난하지 않고 아버지 스스로를 보면 상처받고, 부끄러우며, 자존심 상하는 당신을 보게 된다. 그것이 자신의 약점을 건드리는 것 같다. 그래서 자신을 보지 않고 딸을 비난한다. 이런 취약점은 원가족에서의 부정적인 정서 경험과 정서 반응에 의해 만들어진다. 채영 씨 아버지는 어머니의 비난을 듣고 자라며 스스로를 부끄러워하고 수치스러운 존재로 느꼈다. 어머니의 비난이 채영 씨 아버지의 취약점을 만들었고, 딸의 행동 속에 자신의 미해결 과제가 올라와 자신의 감정을 딸에게 투사한다.

나　: 따님이 돈을 못 벌면 어떨 것 같으세요?

아버지: 고생하면서 무시당하고 사는 거죠.

나　: 따님이 고생하고 무시당할까 봐 걱정이 되시나 봐요.

아버지: 그렇죠. 걔가 고생하고 무시당하면 안 되죠.

나　: 따님이 고생하고 무시당하면 어떨 것 같으세요.

아버지: 그러면 안 되죠.

나　: 지금 말씀하시면서 아버님 마음은 어떠세요?

아버지: 그렇게 될까 봐 걱정되고 불안하죠.

나 : 그러면 따님이 고생하고 남들에게 무시당할까 봐 걱정이 돼서 따님에게 지적을 하시는군요. 결국 아버님이 걱정되고 불안해서 따님한테 일일이 지적을 하시는 거네요.

아버지: 아니죠. 나를 위한 게 아니라 딸을 위해서죠.

나 : 이야기하시면서 아버님은 어떤 감정이 드세요?

아버지: 다 내가 잘못 살아서 애들도 그렇게 된 거예요. 내가 잘 살았으면 애들도 훨씬 나았을 텐데.

나 : 그렇게 느끼시는군요. 아버님이 원하시는 게 뭔가요? 좀 더 구체적으로 말씀해 주실 수 있으신가요?

아버지: 뭘 구체적으로 말해요?

나 : 제가 느끼기에는 따님이 일찍 일어나고 음식도 잘하고 돈도 잘 벌고 결혼도 해서 행복하길 원하는 것 같아요. 맞나요?

아버지: 그렇죠. 그게 내가 원하는 거죠.

나 : 아버님은 딸이 행복하길 원하시는데 그 마음을 표현하기가 어려워 이것을 말씀 못하고 잘못된 행동을 지적하시는 것 같아요. 만약 따님이 아버님께 "이것저것 했으면 좋겠다."고 안 하고 "이것도 못하고 저것도 못한다."고 하면 내 안에 어떤 감정이 생길 것 같아요?

아버지: 기분이 좋지 않겠죠.

나 : 그러면 딸의 마음도 그렇지 않을까요?

아버지: 듣고 보니 그러네요.

나　: 아버님이 정말 따님을 많이 사랑하고 계신 것 같네요. 저도 느껴집니다. 그런데 누군가 아버님을 위한다고 하면서 아버님의 의견과 마음은 중요하지 않다고 한다면 어떨까요?

아버지: 그건 말도 아니죠. 나를 위한다면 내 마음을 존중해 줘야죠.

이 말을 하고나서 채영 씨의 아버지는 뭔가를 생각하며 한동안 말을 멈추었다.

아버지: 걔도 그렇게…… 느낄 수 있겠네요.

나　: 그래요. 정말 훌륭하세요. 아버님이 따님을 위해 얘기했지만 따님의 반응과 마음을 중요하게 봐 주지 않는다면 따님이 받아들이기 어려웠을 것이라는 마음이 느껴졌어요. 정말 어려운 일인데 아버님이 통찰을 참 잘하셨어요.

아버지: 그게 뭐가 중요해요. 중요한 건 걔가 잘 사는 거지.

나　: 그래요. 아버님은 딸을 위해서 하시는 것 맞아요. 지금까지 딸을 위해 행동을 지적하고 가르쳤는데도 달라지지 않는 딸을 위해 무엇 때문에 계속 같은 방식으로 그렇게 할까요?

아버지: 왜 그랬겠어요. 내 마음에 안 드니까 그랬죠!

나　: 네, 아버님 마음에 안 들어서 그랬군요! 아버지 마음에 안 드니까 따님을 아버님 마음에 들게 하려고 그러신 거네요.

아버지: 허허 참. 내 마음에 안 들어서 그렇게 얘기한 셈이 되네요.

  나   : 네, 힘든 이야기 해 주셔서 고맙습니다. 아버님 이런 경우가
참 많습니다. 나는 상대방을 위한다고 한 말과 행동이 정작
상대방을 힘들게 하고 관계를 나빠지게 만들 때가 많아요.
그것을 지금처럼 따지고 들어가다 보면 궁극적으로는 상대
방을 위해서라기보다 본인이 불안하거나 화가 나서 그러는
경우가 많습니다. 이 말이 어떻게 들리세요?

아버지: 듣고 보니 그런 것도 같고 뭐가 뭔지 모르겠네요. 거 참, 앞
으로 딸에게 무슨 말을 해야 할지 모르겠군요.

채영 씨의 아버지는 채영 씨에게 과도한 기대를 가지고 있다. 채
영 씨 아버지가 이렇게 과도한 기대를 가지고 채영 씨를 비난하는
이유는 스스로에게 만족하지 못하기 때문이다. 큰 딸에게 거는 비
현실적인 기대는 자신에게 걸었던 기대이기도 하다. 스스로가 채우
지 못한 기대를 딸을 통해 이루려 하는데 그것이 안 되어 딸을 비난
한다. 결국 채영 씨 아버지는 자신이 딸을 위해 딸의 잘못된 행동을
바로잡으려고 '좀 세게' 말을 한다고 하는데, 실은 자신의 원가족 안
에서 해결하지 못했던 부분이 걸려 자기 기대와 만족을 위해 비난
과 공격을 통해 딸을 바꾸려 하고 있다.

정작 속마음은 말하지 않는다

마음을 말하지 못한다

대화가 되지 않는 마지막 이유는 여러 가지 말을 하면서 정작 속마음을 말하지 않기 때문이다. 물어보지 않고 추측하고 해석하고 피드백을 받지 않는 데다 비난하고 공격하는 대화 방식에 이어 마음을 얘기하지 않는 것이 대화가 되지 않는 이유다.

마음은 원하는 것을 물을 때 나온다. "원하는 것이 뭔데? 뭘 하고 싶은데?"라고 물으면 자기도 몰랐던 속마음이 드러난다. 예를 들어, "그렇게 화를 내는데 무엇 때문에 화가 나는 거냐?"라고 물으면 표면적인 이유가 아닌 심층적으로 원하는 것이 나온다. 비난하고 공격하는 이유에서도 살펴보았듯이 우리는 진짜 원하는 것을 말하지 않고 상대방에게 포커스를 맞추며 자신의 마음은 드러내지 않는다. 화가 났을 때도 무엇 때문에 화가 났는지 자기 마음을 얘기하는 대신, "저 사람이 저렇게 하니 내가 화내는 것은 당연하다."고 한다. 당연한 것은 없다. 당연하다고 말하며 내 마음을 얘기하지 않고 나를 보지 않는 것이 합리화다.

마음을 말하지 않는 데는 여러 이유가 있을 수 있는데 먼저 내 안에 부끄러움이 있을 때 말을 하지 못한다. 말을 함으로써 그 부끄러움이 드러날까 봐 얘기를 못하는 것이다. 또한 내 안에 불안함과 두려움이 있으면 말을 하지 못한다. 내가 이 말을 했을 때 상대가 실망하거나 싫어할까 봐, 화를 낼까 봐 불안하고 두려우면 얘기를 못한다. 뿐만 아니라 비난당한다는 느낌이 들어도 얘기하기가 어렵다. 잘못했다거나 나쁜 사람이라고 비난당하는 느낌이 들거나 들 것 같으면 얘기하지 못한다. 마지막으로 거절을 당할 것 같아도 얘기를 하지 못한다. 거절당하는 두려움이 크기 때문이다.

누군가를 좋아하면서도 좋아한다는 말을 하지 못하는 혜리 씨. 모임에서 호감을 갖던 사람(썸남이라고 표기하겠다)이 있었는데 행사 진행 문제를 앞두고 의견 차이가 생기면서 관계가 어색해졌다. 행사는 혜리 씨의 의견대로 진행이 되었는데 그 뒤 썸남은 혜리 씨를 멀리했다. 혜리 씨는 미안한 마음과 서운한 마음, 관계를 다시 회복하고 싶은 마음에 차 한 잔을 하자고 했다.

혜　리: 잘 지냈어? 이번 행사 다들 수고했는데 잘돼서 다행이야.

썸　남: 그래? 나는 그게 그렇게 잘된 행사 같지 않던데. 주제 발표
　　　　자는 왜 그렇게 산만하게 발표를 하는지. 마이크도 웅웅 거
　　　　려서 전달이 잘 안 되는 것 같았고.

썸남이 기분이 안 좋을 것이라는 생각은 했지만 이렇게 대놓고
비판적인 말을 하니 혜리 씨도 기분이 나빠졌다.

혜　리: 너는 네 의견대로 일이 진행되지 않았다고 그렇게 말을
　　　　하니?

썸　남: 누가 그래서 그렇대? 사실이 그러니까 그렇게 말하는 거야.

혜　리: 그동안 사람들 수고한 것도 있는데 수고했다는 말 한마디
　　　　없고 그렇게 말을 해야 겠니? 넌 정말 너무한다.

썸　남: 사실을 말하는데 뭐가 너무하다는 건지 모르겠네.

혜　리: 이정도일 줄은 몰랐는데 너한테 실망스럽다.

혜리 씨는 이렇게 말하며 자리를 박차고 일어섰다. 혜리 씨는 상
대방이 그렇게 말을 할 때 마음이 아팠다. 좋은 마음을 가지고 있던
사람이라 기분도 풀어주고 관계를 더 진전시키고 싶었는데 결국 더
나쁜 결과만 가져왔다. 혜리 씨는 이 사람뿐 아니라 자신이 좋아하
는 사람에게 마음을 표현하는 것이 너무 어렵다며 나를 찾아왔다.

나 : 그때 상대방과 대화를 할 때 어떤 기분이었어요?

혜 리: 거절당하는 기분이 들었어요.

나 : 거절당하는 기분이 들었군요. 어떤 것을 보고 거절당한다고 느꼈어요?

혜 리: 제가 수고한 것에 대해 누구나 할 수 있는 일이라며 폄하하고, 그 사람이 제가 한 일에 대해 칭찬은 없이 잘못한 것만 지적하는 게 나를 수용하지 않고 거부한다는 느낌을 주었어요.

나 : 혜리 씨는 그 날 상대방에게 호감을 가지고 있다. 좋아한다는 마음을 말하고 싶었어요?

혜 리: 그랬죠. 먼저 그 사람이 기분 나빠하는 부분을 풀어 주고 그 이야기도 하고 싶었는데 아예 얘기도 못 꺼냈어요. 저는 이 사람뿐 아니라 그전에도 좋아하는 마음이 있던 사람들에게 좋아한다는 말을 하지 못했어요. 저는 왜 그렇게 누구에게 좋다는 말을 하기가 어려운 걸까요?

나 : 제가 혜리 씨 입장이라도 그랬을 것 같아요. 뭔가 상대방이 거절할 것 같고 불안하고 두렵다는 마음이 들면 내 속마음을 말하기 어려울 것 같아요. 저 같아도 그럴 것 같아요. 그런데 혜리 씨가 누군가에게 좋다는 말을 하면 어떤 마음이 들것 같아요?

혜 리: 초라해질 것 같고 못난 사람이 될 거 같아요.

나 : 초라해질 것 같군요. 초라해진다는 것은 어떤 의미예요? 좀
　　더 구체적으로 한번 말해 볼래요?

혜　리: 부끄럽고 창피하고 상대방이 날 싫어하고 떠날 거 같아요.

나 : 부끄러운 마음이 드는군요. 혹시 이전에 내가 마음을 표현
　　했는데 부끄러웠던 경험이 있었나요?

혜　리: 글쎄요. 잘 기억이 나질 않는데요.

혜리 씨는 한참 동안 생각을 했다.

마음을 말하지 못하는 이유가 있다

혜　리: 그러고 보니 제 마음을 표현했을 때 창피를 당한 기억이 있
　　어요. 제가 초등학교에 입학했을 때 짝이었던 남자아이를
　　좋아했는데 체육시간에 손을 잡고 춤을 추게 되었어요. 아
　　이들이 아무도 손을 잡지 않는데 제가 먼저 제 짝의 손을
　　잡았어요. 그 일로 아이들이 절 놀렸어요. 여자애가 남자애
　　손을 먼저 잡았다고요. 그때 그게 아이들이 놀릴 일인지 이
　　해가 되지 않긴 했지만 창피했어요. 그게 기억이 나네요.

나 : 아, 그런 일이 있었군요.

혜　리: 그건 아주 옛날 이야기고, 이게 다는 아닐 것 같은데 저는
　　제 마음을 얘기하면 창피하다는 마음이 들어요. 그러고 보

니 제가 뭔가 좋다거나 싫다거나 무섭다거나 화가 난다고 했을 때, 그러니까 제가 감정 표현을 했을 때 저희 부모님의 반응이 제 감정을 받아 주기보다 그러면 안 된다고 하거나 야단치거나 화를 내는 경향이 많았던 것 같아요. 좋다는 표현을 하면 촐랑대지 말고 얌전히 있으라고 하셨고 싫다거나 짜증을 내면 까다롭다고 야단을 치셨어요. 그러면 저는 제가 뭔가 잘못한 것 같아 창피하다는 느낌이 들었던 것 같아요.

나 : 그랬군요. 부모님이 감정을 얘기하면 수용하는 대신 화를 내시거나 야단을 치셨군요. 그러니 감정 표현을 하기가 어려웠겠네요. 어려운 이야기를 해 줘서 고마워요. 혜리 씨는 창피한 마음이 들거나 부끄러우면 어떻게 반응을 하나요?

혜 리: 부끄럽지 않은 척하기도 하고 말을 안 하고 가만히 있을 때도 있고 화를 낼 때도 있는 것 같아요.

나 : 그렇구나. 말을 못하는 내가 있네요. 그동안 누군가 좋아하는 사람이 있어도 말을 하지 못했던 내가 자연스럽네요. 혜리 씨가 속마음을 잘 말하지 못하는 사람인 것은 알고 있었나요?

혜 리: 아니요. 저는 그동안 제 마음을 말한다고 생각했어요. 그런데 아니었던 것 같아요. 제 생각은 잘 얘기했지만 감정을 잘 표현하지 못했던 것 같아요. 상대방이 제가 좋아하는 마음

을 표현하지 않아도 알 것이라고 생각하고 속으로만 갖고 있었던 것 같아요.

나 : 혜리 씨는 어떠세요? 상대방이 좋아한다는 말을 하지 않는데 좋아한다는 것을 알 수 있나요?

혜 리: 음…… 짐작은 할 수 있겠지만 확신하기는 어려울 것 같아요.

나 : 속마음을 말하지 않는데 상대방이 내 마음을 모를 거고 그러면 대화가 잘 될까요?

혜 리: 그러면 대화가 잘 안 되겠네요.

나 : 네, 그래서 대화가 잘 안 되었던 거예요.

그렇다. 혜리 씨가 마음을 말하지 못하는 데는 합당하고 타당한 이유가 있다. 어린 시절 손을 잡은 것만으로 아이들에게 놀림을 받은 사건은 남자에게 자신의 마음을 표현하는 것을 부끄러운 일로 여기게 만들 수 있다. 아울러 부모님이 혜리 씨가 감정 표현을 할 때 수용적이었다면 자신의 감정을 표현하는 것이 쉬웠을 것이다. 그런데 기쁘다고 하면 촐랑댄다고 하고, 화가 난다고 하면 아이가 뭘 그런 일에 화를 내느냐고 야단을 치며, 감정 표현을 하는 것에 부정적인 반응을 보였다. 이런 정서 경험 때문에 혜리 씨는 편안하게 감정을 표현하기 어려웠고 남자에게는 더 어려웠다. 이렇게 자신의 마음을 찾아가면 자기가 그럴 수밖에 없었던 이유를 알게 된다.

아예 침묵하기도 한다

비난하고 공격하다가 더 이상 말이 먹히지 않으면 화를 내거나 아예 대화를 단절하고 침묵한다. 이는 비난이나 공격보다 더 힘든 상태다. 사람들이 내 마음을 알아줬으면 좋겠는데 계속 알아주지 않을 때, 내 마음과 상대의 마음이 다르게 가는데 이것을 바로 잡을 힘이 없다고 느낄 때 화를 폭발시킨다. 화를 내는 사람은 강한 사람이 아니라 약한 사람이다. 사실은 약한데 그 약함을 드러내지 않고 강하게 보이기 위해 화를 낸다.

'화'의 기능 중에 상대방을 내 마음대로 통제해 보려는 것이 있다. 화를 낸다는 것은 여전히 상대를 내 마음대로 하고 싶은 감정과 욕구가 남아 있는 상태다. 화를 내도 상황이 바뀌지 않으면 분노를 폭발시킨다. 더 이상은 참을 수 없다는 신호이다. 분노를 폭발시키기까지 했는데도 소통이 안 되면 그다음은 침묵의 단계로 접어든다. 대화가 완전히 단절되는 것이다.

아내가 다소곳하길 바라는 남편이 있다. 아내는 남편에게 잘 해주다가도 가끔씩 "당신이 해 준 게 뭐가 있는데?"라고 말하곤 했다. 아내는 어려서부터 어머니가 아버지에게 그런 말을 하는 것을 들어서 습관적으로 하는 말이다. 그런데 남편은 이 말이 듣기 싫다. "당신이 해 준 게 뭐가 있는데?"라는 말을 듣기만 하면 "네가 잘하는 게 뭐가 있니?"라며 부모에게 지적당했던 것이 생각난다. 그래서 그 말이 나오기만 하면 버럭 화를 낸다. 부모에게 지적을 받을 때마다 '잘하지 못하는 사람'이라는 생각에 괴로웠는데 아내의 말이 보지 않으려고 덮어 두었던 미해결된 감정을 건드린다. 그래서 아내에게 "그러는 당신은 뭘 잘하는데?"라며 화를 내거나 "조용히 못해!"라고 소리를 지른다.

건강한 사람이라면 "그래, 내가 많이 못해 줬지."라는 말을 할 수 있는데 마음이 건강하지 않다면, 즉 열등감이 있다면 그 말을 하지 못하고 센 척 하려고 화를 낸다. 상대가 나를 알아주지 않으니까 '나를 알아 달라.' '나를 인정해 달라.'는 마음을 화로 표현하는 것이다. 화가 나는데 화난다고 말을 하지 못한 채 감정을 억압하다가 버럭 소리를 지르며 공격을 하기도 한다. "당신 말을 들으니 내가 화난다."고 말을 할 수 있으면 화가 줄어든다. 화가 났을 때 "화난다."고 얘기를 하고 나면 빵빵했던 풍선에서 바람이 빠지듯 화나는 마음이 빠져나간다. 척도로 표시한다면 10에서 9로, 8로, 7로 점점 줄어든다.

남편이 아내에게 "그래, 여보. 나도 잘하고 싶은데 잘 안 되네. 그래도 그런 말을 들으니 기분이 좋지 않아. 화가 나." 이렇게 하면 대화가 된다. 자신의 약한 점을 드러내고 마음을 얘기하면 된다. 그러나 열등감이 있으면 자신이 잘하지 못하는 것을 인정하기 어렵다. 열등감을 느끼는 마음 안에는 "잘하지 못하면 안 돼." "반드시 잘 해야만 해." "그것도 못하다니 한심해."라는 어린 시절부터 부모에게 들어 내사된 부정적 정서 경험이 들어 있다. 뭐든 잘하지 못하면 한심한 사람으로 낙인 찍힐까 봐 두려워 정서 표현을 하기가 어렵다. 그러나 "잘하지 못해도 돼. 큰일 아니야. 그래도 괜찮아."라고 수용해 주면 약한 점을 인정할 수 있다.

연애할 때는 살갑게 잘 대해 주던 남편이 아내에게 폭력을 행사해 상담을 온 부부가 있었다. 아파트 위층에 살고 있는 시어머니가 시도 때도 없이 집에 찾아와 이런 저런 지적을 하고 가는 것에 힘들어하던 아내는 "시어머니가 너무 간섭을 한다."고 얘기를 했다. 남편이 당연히 자신의 편을 들어줄 줄 알았는데 "어머니에게 잘해라."고 하면서 좋았던 신혼 부부 사이에 금이 갔다. 결혼 전에는 너무나 잘 해 주던 남편이 시어머니 편만 드는 것에 실망한 아내는 급기야 남편에게 "남편 역할 똑바로 하라."는 말을 했고 남편이 이 말에 아내를 때린 것이다. 아내 숙희 씨는 폭력 사태 이후 몇 달 동안 남편과 말을 하지 않았다. 말이 나오지 않는다고 했다. 이 부부는 한 집에 살고 있지만 서로 투명인간처럼 대했다. 결혼한 지 몇 달 되지도 않아 이혼을 하게 되는 것이 싫어서 이러지도 저러지도 못하고 있지만 숙희 씨는 남편 얼굴도 보고 싶지 않고 이혼을 하고 싶은 마음뿐이다.

나 : 남편에게 말을 하면 어떨 것 같으세요?
아 내: 또 다시 때릴까 봐 두려워요. 그리고 늘 내 편이라 여기며

믿었던 남편에게 이런 대접을 받으니 수치심과 공허감이 느껴져요.

말을 하지 않고 침묵하는 것은 이렇듯 두렵거나 수치스럽거나 공허함의 표현일 때가 많다. 이 부부는 아내의 말에 화가 난 남편이 폭력을 행사함으로써 남편과 아내 모두 서로에 대한 애착 손상을 경험했다. 믿었던 남편에게 폭력을 당한 아내나 사랑하는 아내에게 남편 역할도 못하는 못난 사람이라는 얘기를 듣고 폭력을 휘두른 남편. 모두 깊은 애착 손상을 경험하고 있다. 애착 손상을 경험한 부부는 두려움, 수치심, 공허함 같은 정서를 느낀다. 중요한 존재와 끊어지는 느낌이 들기 때문이다. 이때는 서로 자신의 감정에만 몰입해 부정적인 고리를 강화하고 속마음을 말하지 못함으로써 아주 경직된 상호작용만이 이루어진다. 그러다가 조그만 계기만 생겨도 엉뚱하고 파괴적인 정서 반응을 보임으로써 파국을 맞이하게 된다.

애착은 가장 중요한 사람과 가까이 있고 싶고 그 관계를 계속 유지하고 싶은 욕구다. 애착 욕구는 유년 시절에만 있다가 이후에는 사라지는 것이 아니라 평생 동안 사람들이 가지는 욕구다. 안정적인 애착 관계가 형성된다는 것은 사랑하는 소중한 사람과의 관계가 단단하여 정서적으로 지지를 받고 있는 상태를 말한다. 애착과 애착과 관련된 정서는 친밀한 관계의 핵심이며 관계를 다루는 부부,

가족치료에 중요한 관심사다.

애착[3]과 정서, 가족 체계를 통합하여 정서를 중심으로 부부 상담을 하고 있는 수잔 존슨(Susan Johnson)은 숙희 씨 부부의 이런 단계를 일컬어 "정서적 몰입으로 인한 정서적 교착 상태"라고 말한다. 이렇게 정서적 교착 상태에 빠지면 표면적으로 드러나는 이차 정서인 침묵, 우울, 분노에만 집중해 내재된 일차 정서인 상처, 두려움, 외로움, 상실감에 대한 감정과 욕구를 알아차리지 못하고 상호관계에 더욱 더 고통을 겪게 된다.

숙희 씨는 남편이 더 이상 자신을 사랑하지 않는다고 생각하고 남편은 아내의 행동이나 말을 전부 자신을 무시하는 것으로 여겨 단절감을 느끼고 있다. "어떻게 나를 때릴 수가 있어?" 혹은 "당신이 나를 그렇게 무시해?"라며 서로에 대한 분노와 폭력 사태가 일어난 데 대한 우울감에만 집중하면서 애착 대상인 아내와 남편을 잃은 상실감, 공허감, 외로움을 감지하지 못하고 있다. 자신의 진짜 감정

---

3 애착 이론(attachment theory): 장기적 인간 관계의 근본 원인을 설명하는 이론이다. 이 이론의 핵심 주장은 영아가 정상적인 감정을 발달시키고 사회적 발달을 하기 위해서는 하나 이상의 주 보호자(primary caregiver)와 관계를 형성해야 한다는 것이다. 애착 이론은 심리학, 진화학, 동물학을 아우르는 학제 간 연구를 바탕으로 한다. 애착 이론은 메리 에인스워스의 이론을 기반으로 존 볼비의 연구에 의해 널리 알려졌다. 존 볼비는 1950년 세계보건기구로부터 대형 탁아시설이나 고아원에서 자라난 아이들이 어떤 심리적 영향을 받는지에 대한 연구를 위탁받아, 아이가 제대로 보살핌을 받지 못한 경우 성인이 된 후에도 지적·사회적·정서적 지체를 경험하게 된다고 보고함으로써 애착의 중요성을 세계에 알렸다. 애착 이론은 이후 성인 간의 애착으로까지 발전되었다.

과 욕구는 모른 채 자신의 틀 속에 갇혀 자신의 시각에서 상대방을 왜곡하는 부정적인 고리에 빠져 있다.

정서중심 상담(치료)에서는 이런 상황을 부부가 문제가 아니라 잘못된 대화 방식에서 비롯된 부정적인 고리가 문제라고 본다. 부정적 고리는 반복되는 부정적 대화 방식을 말한다. 부정적 대화 방식은 상대가 비난하고 공격하면 같이 비난하거나 공격하고 또는 회피하거나 무시하면서 고통을 주는 대화 방식이다. 소중한 사람에게 거절감이나 상처, 버려진다는 느낌, 관계가 끊어지는 느낌이 들 때 상처받고 싶지 않아서 또는 자신을 방어하기 위해 사용하는 대화 방식이다. 부부 관계가 단절되었을 때 같이 싸우거나 회피를 선택하는 것은 개인의 기질과 연관이 있기도 하지만 대부분은 부모 및 부부 등 과거와 현재의 애착 대상과의 정서 경험에서 얻은 교훈에 따라서 행동한다. 어느 부부든 반드시 부정적 대화 방식에 빠져들게 되는데 어떤 부부들은 짧게 부정적 대화를 나누다가 다시 안전하게 결합된다. 하지만 어떤 부부들은 습관적으로 부정적 대화에 빠져든다.[4] 이런 대화 방식이 반복되는 것이 부정적 고리다.

Chapter 2에서 지금까지 살펴본 우리의 대화를 어렵게 하는 요소들은 상대의 말을 내 시각에서 추측하고 해석하며 물어보지 않는

---

4 Johnson, S. M. (2010). **날 꼬옥 안아 줘요**(*Hold Me Tight: Seven Conversations for a Lifetime of Love*). 박성덕 역. 서울: 이너북스. 104.

것, 내 내 마음을 말하지 않고 비난하거나 공격하며 피드백을 받지 않는 것 등이다. 이런 대화 방식은 모두 부정적인 대화 방식이다. 이런 부정적인 대화 방식은 어린 시절 애착 관계를 맺었던 부모나 주 양육자와의 관계 속에서 형성되며 내재화, 패턴화된다. 그리고 현재 애착 관계를 맺고 있는 배우자나 사람과의 관계 속에서 강화되거나 약화된다.

Chapter 3에서는 나의 대화 패턴은 어떤지, 그런 대화 패턴은 어디에서 비롯되었는지 살펴보기로 한다.

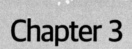

Chapter 3

대화에는
패턴이 있다

자신의 대화 패턴 보기

대화를 할 때 상대가 어떻게 대화하는지는 잘 보이는데 내가 어떻게 하고 있는지는 보기 어렵다. 상대의 표정, 말투, 대화 내용은 들어오는데 내가 어떤 표정과 말투로, 무엇을 얘기하고 있는지 잘 보이지 않는다. 특히 가까운 사이에서는 습관적으로 대화를 하게 돼 더욱 내가 어떤 식으로 표현하고 반응하는지 인식하기 어렵다. 때로는 속마음과는 전혀 반대의 말을 하면서 나는 제대로 얘기했는데 상대방이 내 말을 이해하지 못한다고 생각하기도 한다. 나는 어떤 식으로 대화를 하고 있는지 점검해 보자.

원하는 것과 다른 얘기를 하는 나를 본다

엄마와 소통에 어려움을 겪고 있는 20대 현서 씨. 현서 씨는 대화를 하기만 하면 엄마와 갈등이 생긴다고 고민을 호소했다. 주로 식사를 하거나 TV를 보다가 뉴스나 드라마에 대한 얘기가 시작되는데 주제가 무엇이든 현서 씨가 자기 의견을 얘기하면 엄마는 "네가 뭘 잘 몰라서 그런다."며 본인 의견이 맞다고 하신다. 그래서 사실(팩트)을 이야기하며 반대 의견을 얘기하면 엄마의 언성이 높아지면서 화를 내고 대화는 현서 씨에 대한 비난으로 이어진다고 했다.

현　서: 엄마하고는 한 가지도 맞는 게 없어요. 가치관도 다르고 취향도 다르고 얘기만 하면 싸움이 되니 도저히 대화를 할 수가 없어요. 엄마한테 도저히 대화가 안 된다고 했고 엄마도 저하고는 말이 안 통한다고 하세요.

　나　: 말이 안 통할 때 어떤 감정이 드세요?

현　서: 너무 답답하죠. 저는 엄마가 제 마음을 몰라주는 것에 대해서 답답하고, 본래의 의도가 좋은 것이었는데 엄마하고 얘기를 하다 보면 정말 이상하게 왜곡될 때가 많아요. '와, 어쩜 이렇게 왜곡될 수 있을까. 어떻게 사람 말을 저렇게 받아들이고 왜곡을 시켜서 사람을 누르는 쪽으로 몰아갈 수 있을까.' 어이가 없을 때가 많아요.

나　: 어이가 없을 때가 많군요. 지금 이야기를 하면서 엄마를 향

해 어떤 감정이 드세요?

현　서: 엄마를 이해할 수가 없어요. 엄마를 생각하면 절망감 같은

게 있는 것 같아요. 소통이 되지 않는 것에 대한 절망감

이요.

나　: 현서 씨는 엄마하고는 도저히 대화가 되지 않는다고 하면서

도 이야기를 계속 하시네요. 그것을 알고 계셨나요?

현　서: 가족이니까 그렇죠. 세 식구 사는데 서로 얘기를 안 하면 어

떻게 하겠어요?

나　: 가족이어도 말이 안 통하면 꼭 필요한 말만 하는 경우도 많

은데 현서 씨는 엄마와 드라마 얘기도 하고 뉴스 얘기도 하

고 다양한 얘기를 하고 있는 것 같아요. 무엇 때문에 그렇게

대화를 하세요?

현　서: 그런가요? 그러고 보니 그렇네요.

현서 씨는 한참을 곰곰이 생각했다.

현　서: 저는 엄마와 대화를 할 때마다 말이 안 통하는 것에 답답해

하기만 했어요. 그런데 그 밑에는 엄마와 잘 통하고 싶은 마

음이 컸네요. 저도 잘 몰랐는데 엄마와 제가 잘 통하는 관계

로 서로를 이해하며 화목하게 살면 좋겠다고 생각하고 있었

던 것 같아요.

나 : 그러면 엄마에게 나는 엄마와 잘 통하고 싶다고 말을 해야 하지 않을까요? 말로는 안 통한다고 하면서 마음으로는 통하고 싶어 하시네요. 그러면 엄마가 현서 씨의 마음을 아실까요?

현 서: 잘…… 모르시겠네요.

나 : 그러니까 이게 현서 씨 대화 패턴인거 아세요? 현서 씨는 엄마가 현서 씨를 이해해 주기 바라는 만큼 이해 안 되는 엄마를 이해하려고 그래요. 이해가 안 된다고 말하면서 그 엄마를 자꾸 이해하려고 하고 있어요.

현 서: 그러네요. 가족이니까 이해를 하고 싶은 거겠죠.

나 : 그러면 내가 이해하고 싶다고 얘기해야 되는데 "엄마는 도저히 이해가 안 된다."고 하고 있어요. 그러면서 현서 씨 마음은 '이해하고 싶어요.'인 거죠.

현 서: 그러네요. 말하는 것하고 마음으로 원하는 것이 엄청 달랐네요.

나 : 그러니까 하고 싶은 말을 못한다는 이야기예요. 속마음을 못 드러내고 있어요. 마음을 드러내려면 "나는 뭐뭐 하고 싶어요."가 되어야 하거든요. "나는 엄마를 이해하고 싶어요." 라고 말해야 하는 순간에 "도대체 엄마는 이해가 안 돼." 이렇게 이야기를 하니까요. 엄마는 "그래? 누가 너보고 나 이

해하라고 그랬어? 나도 너 이해 안 하고 싶어." 이렇게 되는 거예요.

현　서: 맞아요. 엄마하고는 좋게 이야기를 시작했다가 끝에 가서는 파탄이 나는 경우가 많은데 왜 그렇게 되는지 도저히 이해가 안 되는 거예요.

　나　: 대화가 어려운 관계에서는 이렇게 자기 마음과는 다른 말을 하면서 가게 되니 서로가 상대방 반응을 이해하기 어려워해요.

대화가 안 되는 관계에서는 서로 속마음과는 다른 이야기를 하는 경우가 많다. 속마음을 얘기하지 않으면서 상대방이 내 마음을 알 것이라고 여긴다. 그러고는 얘기가 안 된다고, 말이 통하지 않는다고 상대방을 비난하는 경우가 부지기수다. 표현되지 않아도 알 수 있는 것도 있지만 대부분의 경우, 상대는 내가 말한 것을 내 마음이라고 느낀다. 그럼 왜 현서 씨는 자기 마음과는 다른 이야기를 하고 있는 것일까? Chapter 2에서도 얘기했듯이 사람들이 자기 마음을 말하지 못하는 이유는 자기 안에 있는 부끄러움 불안함이나 두려움이 있으면 말을 하지 못한다. 비난당한다는 느낌이 들어도 얘기하기가 어렵고 거절을 당할 것 같아도 얘기를 하지 못한다.

프로이트(Freud)는 사람은 요람에서 무덤까지 자기를 알아주고 자기를 이해해 주고 자기 가치를 인정해 주기를 바란다고 했다. 지금 현서 씨는 엄마가 자기 마음을 알아주기를 원하고 있다. 그러나 그 마음을 말하지 못한다. 다르게 이야기하거나 반대로 이야기하기까지 한다. 자기의 정서를 드러내지 못한다. 엄마도 마찬가지다.

현서 씨가 자기의 감정을 이야기하면 관계는 달라진다. "나는 엄마하고 잘 통하고 싶어요. 엄마가 내 말에 동의는 하지 않더라도 내가 그렇게 생각하는 이유를 이해해 주고 내가 엄마와 의견이 달라도 나를 사랑하는 마음을 느끼고 싶어요."라고 얘기를 한다면 엄마와의 관계는 달라질 것이다. 아들과 엄마는 둘 다 말이 안 통한다며 화를 내고 있지만 화는 진짜 정서가 아니다. 드러내지 못한 진짜 정서가 있다. '엄마가 나를 이해해 주었으면 좋겠고 사랑받고 싶은' 아들의 정서와 '아들이 나의 말을 옳다고 지지해 주고 존경해 주기를 바라는' 엄마의 정서. 이 마음이 드러나지 않기 때문에 관계가 바뀌지 않는다. 정서를 드러내면 관계는 달라진다. 지금 서로의 정서를 표현하지 못하는 엄마는 아들의 행동을 지적하고 아들은 엄마의 행동을 지적하고 비난한다.

내 감정을 드러내지 못하면 내가 원하는 것을 말하지 못한다. 화를 낼 때는 내 안에 외로움이 있을 수도 있고 상처도 있을 수도 있고 박탈감이 있을 수도 있다. 그런데 그것을 못 드러내고 다른 말을 하면서 관계가 어려워진다. 현서 씨가 엄마가 뉴스 얘기를 하다가 화를 내며 자신을 비난할 때 "엄마가 그렇게 말씀하는 것을 들으면 내가 속상해요. 화가 나요. 초라해져요."라고 말하면 엄마는 자신이 원했던 것이 아들을 속상하게 하고 화나게 하고 초라하게 하려던 것인가 생각하게 된다. 아들의 그런 반응을 보며 엄마의 반응도 달라질 것이다. 정서는 마음과 행동에 변화를 일으키는 원동력이다. 정서를 표현하면 상대방의 반응이 달라지면서 표현도 달라지고 행동도 달라지고 관계도 달라진다.

불안해서 비난하고 공격하는 나를 본다

나　: 현서 씨가 엄마에게 "엄마, 나는 엄마를 이해하고 싶어요." 라고 말한다면 어떨 것 같으세요?

현　서: 전 그런 말을 못 할 것 같아요.

나　: 그렇군요. 무엇 때문에 못 할 것 같으세요?

현　서: 그런 말을 안 해 봐서요. 아주 어색하죠. 그리고 어렵게 그 렇게 말했는데 엄마가 그 마음을 받아주지 않고 깔아뭉갤까 봐 걱정돼요.

나　: 정말 걱정될 것 같아요. 깔아뭉갠다는 것이 어떤 의미일까요?

현　서: 내가 무슨 말을 해도 신경 쓰지 않고 하찮게 여기며 내 의견을 말살하는 거죠.

나　: 그래요. 마음이 아프네요. 이전에 그런 경험이 있었나요?

현　서: 그게 제 마음을 표현했다가 엄마한테 깔아뭉개진 경험이 있었던 것 같아요. 지금 그게 무슨 일이었는지 기억은 나지 않는데 아주 괴로웠던 기억이 나요. 그래서 다시는 엄마한테 내 속마음은 얘기하지 말아야지 하는 생각을 했던 것 같아요.

나　：그래요. 살면서 그런 기억이 잠재해 있으면 내 마음을 표현하지 못하게 되기도 하죠. 엄마가 나를 깔아뭉개면 어떨 것 같으세요?

현　서: 상처를 받겠죠. 그리고 엄마를 미워하고 화를 내게 될 것 같아요.

나　：잘 표현하셨어요. 만약 어머니한테 계속 깔아뭉갬을 당하면 어떨 것 같아요?

현　서: 비참한 느낌이 들것 같아요. 저는 계속 깔아뭉개지는 것은 못 견딜 것 같아요.

나　：아직 깔아뭉개지지도 않았는데 그걸 내가 미리 당겨서 걱정하네요. 그건 무슨 감정이지요?

현　서: 글쎄요.

나　：일어나지도 않은 일을 미리 당겨서 걱정하는 게 불안이에요. 현서 씨 마음 안에 불안이 있어서 내 마음을 표현하지 못하는 거예요.

현　서: 엄마한테 깔아 뭉개질까 봐 불안하고 두려워서 내 마음을 표현하지 못한다는 건가요?

나 : 맞아요. 대신에 비난을 하죠. 엄마한테 현서 씨의 마음을 표현하면 깔아뭉개질 것 같다고 생각해서 마음을 표현하지 못하고 엄마를 비난하는 거죠. 그게 엄마와의 관계에서 보이는 현서 씨의 대화 패턴이예요.

현 서: 그게…… 그런 거였군요.

살면서 마음을 표현했을 때 받아들여진 경험이 많다면 마음을 수월하게 표현할 수 있을 것이다. 현서 씨는 정서적 경험을 하기는 했는데 부정적인 정서 경험을 했다. 마음을 표현했을 때 수용 대신 비난을 받았고 거기에 더해 깔아뭉개지기까지 했던 경험이 있다. 현서 씨로는 다시 마음을 표현하기가 어려워진다. 엄마가 "너는 뭐든 말해도 괜찮아. 좋은 감정도 싫은 감정도 화난 감정도 좋은 것도 나쁜 것도 다 말해도 돼. 힘든 이야기를 해도 된다."고 했다면 자기의 마음을 표현할 수 있었을 것이다.

그러나 현서 씨는 엄마 앞에서 싫다거나 두렵다거나 불안하다거나 외롭다는 정서적 표현을 할 수 없었다. 감정을 말하면 깔아뭉개지고 비난을 당하니 말하지 못하고 억압했을 것이다. 감정을 억압하는 과정이 반복되어 부정적인 정서가 쌓여 있다가 비난과 공격이라는 왜곡된 형태로 나타난다. 현서 씨가 엄마와의 관계 안에서 자신의 감정을 표출할 수 있다면 비난하고 공격하는 대신 원하는 것을 말할 수 있을 것이다.

내가 아닌 상대에게 포커싱하고 있는 나를 본다

원하는 것과 다른 말을 하고 마음을 표현하는 대신에 비난과 공격을 하는 대화 패턴은 현서 씨 가족에게서만 볼 수 있는 경우가 아니다. 대화가 잘 안 되는 관계에서는 대부분 이런 방식으로 대화가 진행된다. 그리곤 마음과는 다른 얘기를 하고 있는 자신을 보지 못하고 상대방이 문제라며 '상대방이 바뀌면 모든 문제가 해결될 것'이라고 생각한다. 현서 씨는 엄마가 바뀌면 대화가 잘 될 것이라고 생각하고 현서 씨의 엄마는 아들이 자신의 말을 잘 들으면, 즉 엄마의 뜻대로 바뀌면 모든 문제가 해결될 것이라고 생각한다. 그러나 문제는 엄마와 아들이 아니라 대화하는 방식이다. 마음을 드러내는 정서중심 대화를 하면 서로가 바뀌지 않아도 소통을 할 수 있다. 이는 부부 관계에서 더욱 첨예하게 드러난다.

대기업을 다니던 남편이 5년 전 실직한 후 경제적으로 힘든 기간을 보내고 있는 강 씨. 남편은 프리랜서 경영 컨설턴트로 일하고 있는데 일이 있을 때도 있지만 일이 없을 때는 친정에서 돈을 빌려 오고 자신도 비정규직으로 재취업을 해서 생활에 보태고 있다. 하지만 고등학교, 대학교에 다니는 아이들이 있어 학원비가 만만치 않아 생활비조차 늘 빠듯하다. 남편에게 계속 영업도 더 뛰고 인맥도 넓혀서 일을 더 많이 맡으라고 종용하고 있는데 그럴 때마다 남편은 "내 일은 내가 알아서 한다."며 더 이상 대화를 하지 않고 나가 버린다.

　그러던 중 큰 딸이 혈액에 이상이 생겨 병원에 입원을 하면서 강씨는 일도 못하고 딸의 간병을 하게 되었다. 다행히 오래 입원하지 않아도 되는 일이었는데 퇴원을 하루 앞둔 저녁, 남편은 강 씨에게 "애 병원비는 어떻게 하지?"라고 물었다. 그동안 참고 있던 강 씨는 "당신같이 답답하고 가장으로서 책임감이 없는 사람하고는 도저히 못 살겠다."며 남편에게 집에서 나가라고 선포를 했다. 자신의 병원비 때문에 싸우는 부모를 보며 딸은 불안해했다. 딸의 병과 서로에 대한 불신 때문에 두 사람은 너무 힘든 시기를 보내고 있었다. 이를 보던 동생 부부가 상담을 권유하며 상담 비용까지 대 주기로 하면서 나에게 찾아오게 되었다.

　강 씨는 오자마자 하소연을 했다.

　아　내: 저는 이렇게 답답하고 책임감이 없는 남편하고는 살기가 너무 힘들어요.

　　나　: 남편과 살기가 힘드시군요. 그런데 남편의 어떤 점 때문에 책임감이 없다고 느끼시나요?

　아　내: 그동안 해 온 행동을 보면 알 수 있죠. 뻔해요. 애가 아파 누워있는데 아빠가 병원비 하나 해결을 못 하는 게 말이 되나요? 간병하고 있는 저한데 애 병원비를 어떻게 하느냐고 물어보더라고요.

나　: 그랬군요. 그 말을 들었을 때 남편을 향해서 어떤 감정이 들었어요?

아　내: 답답했어요. 남편이 참 한심해 보였고요.

나　: 저 같아도 답답한 마음이 들었을 거 같네요. 그런데 남편이 아내 분께 "병원비는 어떻게 하느냐?"는 얘기를 하면 안 되는 건가요?

아　내: 그거야…… 말을 할 수는 있죠.

나　: 그런데 무엇 때문에 남편이 병원비 얘기를 한 것에 그렇게 한심한 마음이 들었나요?

아　내: 해도 해도 너무 한다는 생각이 들어서지요. 남편이 지난 5년 동안 어땠는지 몰라서 그러세요. 자기가 책임져야 할 일을 나한테 맡기고 자기는 나 몰라라 하고 있는 것이 기가 막히죠.

나　: 그동안 쌓인 게 많으신가 봐요. 남편이 아무것도 안 하고 있을 때 부인께서도 아무것도 안 하시면 어떨까요? 그러면 어떻게든 남편께서 해결을 하실 수도 있으실 텐데요.

아　내: 내가 가만히 있으면 해결이 안 될 거예요. 그나마 내가 나서서 이리저리 돈도 융통하고 하니 이만큼이나 유지가 되지 저 사람한테만 맡겨놓으면 우리 애들은 대학 졸업도 못할 거예요.

나　: 아이들이 대학을 못 다니게 될까 봐 염려되시나 봐요.

아 내: 그럼요. 애들이 대학을 못 다니면 절대 안 되죠. 그런 일은 생각할 수도 없어요.

  나 : 네, 부인께서 해결을 하지 않으면 아이들이 대학을 다닐 수도 있고 못 다닐 수도 있습니다. 지금은 잘 모르는 거지요. 이런 말을 하면 마음이 어떠세요? 어떤 감정을 느끼시나요?

아 내: 아주 불안하죠. 그런 일이 일어날 거라는 생각만 해도 끔찍해요.

  나 : 그 말씀을 듣고 있자니 많이 안타깝네요. 그러니까 생각만 해도 끔찍한 일이 일어날까 봐 불안하고 못 견딜 것 같아서 문제를 해결하시는 거네요. 그러면서 남편을 무책임한 사람이라고 하는 거고요. 제 말이 어떻게 들리세요?

아 내: 네? 내가 불안해서 남편을 비난한다고요? 그게 아니라 남편이 자기 일을 잘 못하고 있으니까 그러는 거지요.

강 씨는 자기가 불안하고 답답해서 일을 해결하는 사람이다. 자기가 못 견뎌서 일을 해결해야만 한다. 강 씨가 움직이지 않아도 일은 어떤 식으로든 해결이 될 것이다. 그 방식이 강 씨의 마음에 들지 않을 수는 있다. 그러나 남편이 가만히 있어서가 아니라 강 씨는 본인이 못 견뎌서, 그리고 자신이 원하는 해결책을 만들기 위해 해결에 나선다. 그러고는 남편을 답답하게 여기며 무책임한 사람이라고 얘기하고 있는데 그런 자기의 모습을 전혀 보지 못하고 있다.

나 : 남편 분, 그동안 아내 분의 얘기를 들으면 기분이 어떠셨
　　어요?

남 편: 별로 안 좋아요. 위축되고 뭐, 기운이 안 나죠.

나 : 아내 분은 남편 분의 이런 마음을 알고 계셨나요?

아 내: 아니요. 몰랐어요. 돈을 많이 벌어와 봐요. 내가 그러겠
　　어요?

나 : 그러시군요. 부인께서는 남편에게 얘기를 하고 난 뒤 당신
　　생각은 어떠냐고 물어본 적이 있으신가요?

아 내: 아니요. 그런 걸 뭘 물어보나요?

나 : 남편에게 부인의 생각을 얘기한 뒤에 "당신은 어떻게 생각
　　해?"라고 물어봤다면 남편이 위축된다는 얘기를 할 수도 있
　　었을 텐데요.

아 내: 화가 나 있는 상태에서 얘기를 하는데 당신은 어떻게 생각
　　하느냐고 묻고 싶겠어요?

나 : 네. 부인께서는 그렇게 생각하실 수도 있겠네요. 그런데 만
　　약 다른 사람이 부인에게 화를 내면서 당신은 무책임한 사
　　람이고 아무것도 제대로 하지 못한다고 하면 어떨 것 같으
　　세요?

아 내: 그야 기분 나쁘겠죠. 그런데 본인이 잘하면 그런 말을 왜 듣
　　겠어요?

나 : 부인 입장에서는 그렇게 느낄 수도 있겠네요. 그런데 부인

께서는 누군가에게 그런 말을 들으면 일을 더 잘하고 열심
히 하고 싶은 마음이 들까요? 아니면 무기력해지고 위축될
까요?

아 내: 그야…… 좀 그렇긴 하겠네요. 하지만 누구라도 저 같은 입
장이라면 당연히 그렇지 않을까요? 지난 5년 동안 남편이
제대로 못하는 일, 내가 다 해결하며 살았어요.

나 : 남편은 부인의 이 말에 대해 어떤 마음이 드세요?

남 편: 저는 저대로 나름 열심히 노력하며 살았습니다. 돈은 벌 때
도 있고 벌지 못할 때도 있는 것이지 않습니까? 실직하기
전에는 월급 따박따박 가져다줬고 그 이후에도 저 사람이
애들 학원비다 뭐다해서 과도하게 지출을 해서 그렇지, 남
들만큼은 가져다줬습니다. 제가 바람을 피웠습니까? 도박
을 했습니까? 아내가 저를 너무 비난한다고 생각합니다. 그
렇게 말만 하면 비난을 하니 대화를 하고 싶겠습니까?

강 씨 남편도 작정한 듯이 말을 쏟아 내었다.

나 : 네. 대화하고 싶지 않으셨군요. 아내 분은 남편의 이 말이
어떻게 들리세요?

아 내: 이러니 우리가 대화가 안 되죠. 자기가 뭘 잘못하고 있는지
도 모르고, 뭘 잘한 게 있다고 그러는지 정말……

나 : 그건 또 무슨 말이에요? 남편이 뭘 잘못하고 있는데요?

아 내: 돈만 많이 벌어와 봐요. 그럼 다 해결됩니다.

나 : 그래요. 뭘 보고 해결될 거라는 마음이 드시는지 말해 줄 수 있어요?

아 내: 남편이 전에 대기업 다닐 때 유능하다는 소리를 많이 들었어요. 승진도 빨랐고요. 실직만 하지 않았어도 좋았겠지만 어쩔 수 없는 일이지요. 남편이 경영 컨설팅 일도 잘할 수 있을 텐데 일을 열심히 안 해요. 이 사람은 자기 입맛에 맞는 일만 하는데 우리가 살려면 더 일을 많이 해야 한다고요. 그저 일이 들어오도록 기다리지 말고 영업을 좀 해야 하는데 그걸 못해요. 그러면서 어떻게 잘나가는 경영 컨설턴트가 되겠어요? 일을 잘 따오는 것도 경영 컨설턴트로서의 능력 아니냐고요.

나 : 네, 그렇게 보시는군요. 남편에게 내가 정말 원하는 건 뭘까요?

아 내: 이 사람이 경영 컨설턴트로 자기 위치를 잘 잡고 그 분야에서 전문가가 되기를 원하는 거죠.

나 : 남편이 한 분야에 전문가가 되길 원했군요. 그런데 그렇게 말을 하지 않고 "그렇게 영업도 못하는데 무슨 경영 컨설턴트를 하겠다고 하느냐?"고 다르게 말씀을 하시는 거네요. 본인이 그렇다는 것을 알고 계셨어요?

아 내: 네? 아니 몰랐지만 그렇게 얘기를 해도 남편이 다 알 거라고 생각해요.

부인이 원하는 것은 남편이 경영 컨설턴트로서 입지를 강화하는 것이다. 남편이 뛰어난 경영 컨설턴트가 되고 훌륭한 사람이 되기를 바라면서도 부인은 비난에 익숙했다. 그래서 강 씨에게 원하는 것과 다른 말을 하는 '익숙한 나'를 보도록 했다. 강 씨는 자신을 못보고 있다는 것을 모르고 있다. 자기가 불안해서 뛰어들어 일을 해결하고 남편이 열심히 영업을 안 한다며 비난을 하고 있다. 남편이 훌륭한 경영 컨설턴트가 되기를 바라는 마음이 있으면서도 남편을 위축시키고 있다. 계속 그렇게 가면 남편은 강 씨가 원하는 대로 되지 못한다.

나 : 아내가 "남편이 유능하고 경영 컨설턴트로서 일을 잘할 수 있는 사람"이라고 하시는데 남편 분 이런 말을 들으니 어떠세요?

남 편: 아내가 이렇게 생각하고 있는 줄 몰랐어요. 그동안 집사람한테 좋은 소리를 별로 듣지 못했는데 기분이 좋은데요.

나 : 부인이 계속 이렇게 말을 하면 어떠시겠어요?

남 편: 아주 기운이 나겠죠.

나 : 부인께서는 어떻게 표현해도 남편이 알아들을 것이라고 생

각하셨는데 남편은 모르고 계시네요.

아 내: 그러게요. 저는 제 마음을 알 거라고 생각했는데…….

나 : 그래요. 부인의 마음은 남편이 훌륭한 컨설턴트가 될 자질
도 있고 그런 사람이 되길 바라는데 표현은 그렇게 안 하셨
어요.

아 내: 남편이 잘못되길 바라는 사람도 있나요? 그런 것도 못 알아
듣는 게 바보죠.

나 : 그동안 남편에게 그렇게 말했던 것이 비난인 것을 아세요?
부인은 남편이 좋은 컨설턴트가 되었으면 좋겠다는 말을 비
난으로 하고 있습니다.

아 내: 듣고 보니 그렇긴 하네요. 저는 제가 어떻게 얘기하든 남편
이 제 마음을 알 거라고 생각했어요. 제가 제 마음을 비난으
로 표현한다는 것을 몰랐어요.

나 : 잘 모르셨군요. 저는 부인의 마음이 이해가 됩니다. 부인은
남편이 문제라고 하면서 남편에게만 포커스를 맞추고 있었
어요. 그렇게 하고 있는 내 마음이 뭔지, 내가 어떻게 표현
하는지 잘 모른다는 얘기입니다. 상대방에게만 포커스를 맞
춘다는 것은 자신을 잘 보지 못한다는 얘기이기도 합니다.

아 내: 네. 제가 어떻게 말하는지 잘 몰랐어요.

나 : 지금 부인이 하는 것처럼 자신이 바라는 것을 비난으로 표
현하는 것을 본 적이 있나요? 이런 건 부인의 어머니, 아버

지, 원가족의 모습을 보면 나오기도 합니다.

아 내: 아! 어머니, 아버지 얘기를 하시니 제 모습이 이해가 되네요. 저희 어머니도 어머니가 원하는 대로 일이 진행되지 않으면 아버지를 비난하셨어요. 그러면서 어머니가 원하는 대로 아버지가 되기를 바라셨어요.

나 : 그러셨군요. 그래서 부인도 무의식 중에 본 대로 그렇게 하신 거네요.

강 씨가 알아야 할 것이 있다. 돈을 못 버는 남편을 내가 벌게 할 수는 없다. 내가 비난해서, 닦달해서 돈을 벌게 할 수는 없다. 이는 남편이 해야 할 일이다. 남편이 돈을 벌려면 남편 스스로 '내가 돈을 벌어야겠다.'라는 마음이 들어야 한다. 지금도 돈을 벌고 있으니 남편은 이런 마음을 가지고 있다. 강 씨가 원하는 대로 남편이 돈을 더 벌려면 남편 스스로 '내가 돈을 아주 많이 벌고 싶다.'라는 마음이 들어야 더 열심히 일을 하고 돈을 더 벌 수 있다. 노력도 남편이 하는 것이지 강 씨가 할 수 있는 것이 아니다. 강 씨는 자신의 불안 때문에 자신이 원하는 것을 이루고 싶어 비난을 통해 남편을 통제해 바꾸려고 한다. 불가능한 것을 가능하게 하려니까 우울하고 불안한 마음이 생긴다. 강 씨가 할 것은 남편에게 향하던 눈을 자기에게로 향해 자기의 모습을 보는 것이다.

약점을 말하지 못하는 나를 본다

자신의 모습을 보지 못하는 것은 강 씨뿐이 아니다. 남편도 마찬가지다. 강 씨의 남편도 자신의 마음을 얘기하지 않고 부인에게 포커스를 맞추고 있다. 비난하는 부인을 만족시키려고 "나는 잘해야 해, 능력을 보여 줘야 해."라는 부담을 안고 굉장한 에너지를 소모하고 있다. 앞에서도 얘기했지만 불안할 때 불안하다고 얘기를 하면 불안으로 생겼던 긴장이 줄어든다. 무서울 때 무섭다고 얘기하면 무서움이 덜해진다. 말을 하면서 괜찮아진다. 남편이 일이 잘 되지 않아서 생기는 불안과 두려움, 걱정을 나누고 마음이 편안해지면 자신의 일인 경영 컨설팅도 더 잘할 수 있다.

남편이 이렇게 얘기하면 괜찮아진다. "여보, 나는 당신이 말하는 무능한 컨설턴트가 될까 봐 그리고 나라는 존재가 형편없어질까 봐 두려워서 당신과 대화할 수가 없었어. 당신이 나더러 훌륭한 컨설턴트가 아니라고 하면 진짜로 내가 형편없는 컨설턴트가 된 것 같거든. 나는 형편없는 사람이 안 되려고 나름대로 열심히 노력했어. 그런데 나는 당신이 기대하는 것처럼 매달 컨설팅계약을 할 그런 능력은 없는 것 같아."

그런데 남편은 자신의 마음을 편안하게 하기보다 부인을 편안하게 하려는 데 포커스를 맞춘다. 남편이 부인의 기준을 맞추면 부인은 또 다른 요구를 할 수 있다. 그러니 결론적으로는 남편은 영원히 부인의 요구를 채워 줄 수 없을 것이다. 강 씨와 남편, 두 사람은 의존적인 사람이다. 의존적인 사람들[5]은 상대방이 원하는 것에 자신을 맞춘다. 자신의 생각과 판단이 아니라 사회적 시선을 포함한 다른 사람의 시선에 따라, 다른 사람의 요구에 따라 일을 처리한다. 상대로부터 인정받고 지지받아야 자신이 괜찮은 사람이라고 생각해서 자신의 생각과 의견이 아닌 아내의 요구, 남편의 요구, 사회의 요구에 맞추려고 한다.

성장 과정에서 자신의 얘기를 못하고 '네 감정과 생각, 느낌, 경험을 말하면 안 돼.'라고 양육받으며 부모의 말에 순종한 착한 아이들(Good boy, Good girl)은 부모의 가치관을 그대로 자신의 것으로 내사(introjection)하여 자신에 대한 정체성을 갖지 못한다. 자신의 생각이 아닌 부모의 생각에 맞춘 채 참 자기는 없고 가짜 자기로 살게 된다. 이러면 부모와의 관계뿐 아니라 다른 사람과의 관계에서도 자율성이 떨어져 자신의 생각, 감정, 느낌을 잘 말할 수 없고, 그런 자신에 대해 자신감과 자존감이 낮아진다. 상대가 이런 자신을 거절할 것 같아 안정된 애착 관계[6]를 형성하지 못하고 강 씨처럼 몰두

---

5 의존적인 사람: 어떤 선택을 할 때 자신의 판단과 가치관에 따라 결정을 하는 것이 아니라 상대방에게 인정을 받거나 상대를 기쁘게 하는 결정을 하는 사람들이다. 자신의 판단에 따른 선택을 하지 않았기 때문에 결과에 대해서도 책임을 지기 어려워한다. 자기 정체성이 약하거나 형성되지 않은 사람들이다.

6 메리 에인스워스는 낯선 상황에서 아이와 엄마가 함께 놀다가 엄마가 아이를 놔두고 나갈 때 보이는 아이의 반응에 따라 애착 행동 유형을 안정형 애착, 집착형(양가형) 애착, 회피형 애착

하고 집착하는 불안정 애착이나 남편처럼 도망가는 회피 애착 유형이 된다. 결국 정서적 유대에 어려움을 느끼고 상호작용도 제대로 하지 못한다.

그래서 안전하게 연결이 되어야 분리와 분화가 가능하다. 한 인격체가 안정적 애착으로 효과적으로 의존이 되면 긍정적 자기상이 만들어진다. 자신이 힘들면 위로해 달라고 말하고 상대가 힘들다고 느끼면 상대방을 위로하고 사랑과 관심을 줄 수 있게 된다. 상대에게 긍정적인 말과 부정적인 표현을 다 잘 말할 수 있어 건강한 상호의존 관계를 만든다.

남편은 어머니에게 비효과적으로 의존되어 있었고 지금은 아내에게도 비효과적으로 의존되어 있다. 어머니에게 맞추며 살다가 이제는 아내에게 맞추려고 한다. 그래서 힘든 거다. 남편이 이렇게 말

세 가지로 분류했다. 안정형 애착을 맺은 아이는 엄마가 나갈 때 조금 불안해하다가 곧 돌아올 것을 믿어 엄마가 돌아오면 반갑게 맞이한다. 집착형(양가형) 애착인 아이는 엄마가 나갈 때 분리에 대한 강력한 반응을 보이며 불안해하며 울며 매달리고 심하게 공격적이며 엄마가 돌아왔을 때 엄마를 반갑게 맞이하지 않고 예측하기 힘든 행동을 한다. 엄마에게 화를 내기도 하고 마지못해 안기는 수동적 자세를 취한다. 회피형 애착은 엄마가 나갈 때도 데면데면, 엄마가 돌아왔을 때도 냉정하고 별로 관심을 보이지 않는다. 이 연구는 엄마와 유아의 상호작용에 따른 의사소통의 질을 보여 준다. 이러한 애착 유형에 따라 사람들이 관계를 맺는 방식과 대화의 패턴이 달라진다. 그러니 우리의 대화 패턴은 어린 시절 부모와의 관계에서 이미 예견이 된다는 얘기다. 성인 관계에서도 애착이 중요한 요소다. 부부는 성인 애착을 가장 잘 보여 주는 관계다.

Marrone, M. (2005). **애착이론과 심리치료**(Attachment and Interaction). 이민희 역. 서울: 시그마프레스. 75-79.

하면 괜찮아진다. "나는 당신이 원하는 것처럼 계약을 할 수 있는 능력이 없는 것 같아. 노력은 하지만 그렇게는 못할 것 같아. 내 능력은 그것밖에 안 돼. 내가 이렇게 말하면 당신은 어때?"

남편이 자신의 마음을 이렇게 드러내면 그것을 인정하지 않으려고 소모했던 엄청난 에너지를 일하는 데 사용할 수 있다. 내가 내 약점을 드러낼 수 있으면 편안해진다. 내가 내 실체를 얘기해 주면 부인도 부인의 감정을 얘기할 수 있다. 부인이 계속 불안해할 수도 있고 도저히 기대가 채워지지 않을 것 같아 절망할 수도 있다. 이때 부인도 그런 자신의 감정을 얘기하면 괜찮아진다. "나는 당신이 그렇게 얘기하니까 내가 원하는 일이 이루어지지 않을 것 같아 절망스러워."라고 말이다. 이렇게 부인도 부인의 감정을 표현하면 절망감에 압도되지 않는다. 서로 이런 마음을 얘기하고 알아주는 것만으로도 위로를 받고 마음이 편해진다. 마음이 연결되기 때문이다. 그러나 이는 부인이 할 일이다. 남편이 책임질 수 있는 것이 아니다. 서로의 감정에 대한 책임은 상대방이 아닌 각자 지는 것이다. 나는 내 감정을 책임지고 그것을 표현하고 상대방도 또한 마찬가지이다. 이렇게 하는 것이 서로 상호작용을 하며 마음을 연결하는 가장 좋은 길이며 비효과적 의존에서 벗어나 자기의 삶을 사는 길이기도 한다.

잘하는 점만 얘기할 수 있는 관계, 즉 약점을 드러내지 못하는 관계는 불안정형 애착 관계다. 약점을 드러내면 상대가 나를 좋아하지 않을까, 싫어할까 봐 자신의 약점을 드러내지 못한다. 약점을 감추려다 보니 불안해지고 스스로에 대해 자신감이 떨어진다. 부부간에 애착이 안전하게 형성되면 나의 강한 부분과 약한 부분을 둘다 말할 수 있으면서 서로 친밀해지고 소통이 잘된다.

남편은 집안에 경제적 어려움을 주고 있는 자신을 보고 싶지 않아 고개를 돌리고 있는지도 모른다. 남편은 자신이 아버지의 모습과 닮아 있다고 느낀다. 그런 자신이 매우 힘들다. 그는 가족에게 경제적 어려움을 주고 어머니로부터 비난받던 아버지를 보며 아버지를 닮고 싶지 않았다. 그런데 돈을 잘 벌지 못하는 자신이 아버지와 다를 바 없다고 느껴진다. 어머니와 융합되어 있는 그로서는 비난받는 아버지의 자리에 놓이는 자신의 모습을 인정하기 어렵다. 아내가 공격할 때 아내가 마치 어머니처럼 느껴져 괴롭다. 그래서 그는 자신이 돈을 잘 못 벌지만 그것이 약점이라거나 문제가 있다고 여길 수 없다. 그러는 순간 자신이 아버지와 같은 존재가 되기 때문이다. 대신에 아내가 지나치게 "돈, 돈" 하며 공격한다고 생각한다. 남편은 이렇게 생각해야 살 수 있다.

남편은 비난하며 공격하는 아내와 싸우지 않으려고 강 씨와 거리를 두고 회피하고 있다. 남편은 취미와 친교 활동에 몰입하며 거리를 둔다. 그래야 갈등이 적어진다고 생각하는데 그러면 정서적으로 멀어진다. 정서적 거리를 두면 관계는 나빠지는데 오히려 안전하다고 생각한다. 쫓아가며 몰두하는 불안정형 애착인 강 씨는 자신의 불안을 최대화하며 긴장감을 조성해 남편이 자기에게 맞춰 주기를 바란다. 회피형 애착인 남편은 자신에게는 문제가 없고 아내가 문제라 생각하면서 거리를 두어 아내의 불안한 마음을 돌보지도 못하고 요구를 들어주기도 힘들어한다. 자신의 정서와 약점을 드러내는 대화를 통해 안정형 애착이 형성되어야 이 부부의 문제가 해결된다.

정서를 드러내지 못하는 나를 본다

강 씨 부부처럼 관계에 어려움이 있을 때는 내가 어떻게 하고 있는지를 보아야 한다. 사람들은 사랑받지 못한다고 느낄 때, 사랑하지 못한다고 느낄 때 관계에 어려움을 느낀다. 친밀한 관계가 깨어질 때 사람들이 느끼는 정서는 거절감, 두려움, 평가받고 비난받는 느낌, 수치심, 공허감, 상처와 외로움, 절망감, 버려진 느낌, 관계가 끊어진 느낌, 불행감, 박탈감 등이다. 정서중심 치료에서는 관계에 어려움이 있다고 하는 것이 그 사람에게 결함이 있는 것이라고 보지 않는다. 앞서 언급한 것처럼 특정 정서에 몰입되어 자기강화적 상호작용의 부정적인 고리(self reinforcing interaction cycle)에 빠져 있다고 본다. 쉽게 말해 자기를 보호하려고 더 방어적이 된다고 보는 것이다.

강 씨는 남편과의 관계에서 안정적인 애착을 형성하지 못하고 절망감과 불행감, 박탈감을 느끼고 있다. 이런 정서를 드러내지 못하고 남편이 돈만 벌면 모든 문제가 해결된다고 생각해 남편이 돈을 잘 벌어 오는 사람이 되도록 바꾸려고 한다. 남편은 아내와의 관계에서 평가받고 비난받는다는 느낌과 실패에 대한 두려움, 수치심과 공허감을 느껴 아내와의 대화를 회피하고 있다. 아내의 비난과 공격, 남편의 회피라는 부정적 고리는 둘의 관계를 교착 상태에 빠지게 한다. 부정적인 이런 강화 고리는 부부가 자신들의 관계 패턴에서 살아남기 위해 취한 필요악과 같은 것으로 남편은 남편대로 강 씨는 강 씨대로 자신을 보호하기 위해 이 방법을 쓰지만 결국 이것이 서로의 소통을 막아서 관계를 더욱 악화시키는 장애물로 작용하고 있다.

상호작용이 잘되는 의사소통은 정서적인 의사소통이다. 정서적인 의사소통은 서로의 감정을 드러내는, 즉 나도 내 감정을 드러내고 상대방도 자신의 감정을 드러내는 의사소통이다. 그런데 일방적인 의사소통에서는 서로 정서는 전혀 드러내지 않으면서 상호작용이 안 되는 것에 대한 전적인 책임을 상대방에게 돌린다. "나는 문제가 없어 네가 문제야! 그러니 네가 고쳐!"라고 한다. 관계가 나쁜 것에 대해 본인이 기여하는 부분은 보지 못하고 상대방만 문제가 있다고 느낀다. 강 씨는 자신은 잘하고 있는데 남편이 돈도 못 벌면서 대화를 회피하는 것이 문제라고 생각하고 있고 남편은 자신도 최선을 다하고 있는데 부인이 비난하고 공격하는 것이 문제라고 생각한다.

또한 상호작용이 되려면 내가 한 말이나 행동에 대해 상대가 어떻게 느끼는지 피드백을 받아 봐야 하는데 이 부부는 피드백을 받지 않는다. "당신은 이게 문제야. 그걸 바꿔야 해."라고 했을 때 그 말에 대해 상대가 어떻게 생각하는지 전혀 알지 못한다. 내 말만 하고 상대가 그에 대해 어떻게 생각하는지 모르면서 알 생각도 하지 않는다. 내 뜻대로 상대가 변하기만 하면 된다는 일방적인 관계 패턴이 부정적 정서를 형성하고 관계의 악화를 초래한다. 부부가 각자 자기의 말만 하면서 관계가 악화되고 있다.

그러면 어떻게 하면 될 것인가? 분노나 절망감, 좌절감, 힘든 것, 우울함 같은 정서는 처리되어야 한다. 즉, 표현해야 한다. 강 씨와 남편은 이런 정서를 표현하지 않고 괜찮은 척 함으로써 안에 부정적 정서를 쌓아 두고 있다. "나는 그때 이런 마음이었는데 당신은 어떤 마음이었어? 어떤 감정을 느꼈어?"라고 정서적인 의사소통을 하면 관계가 회복된다. 서로 비난하고 공격하며 회피하는 반응을 할 수밖에 없었던 이유를 묻고 대답하는 대화를 하다 보면 상대가 얘기할 때 내 마음이 보인다.

남편과 아내의 대화가 다음과 같다면 어떨까?

남　편: 당신은 나더러 돈을 많이 벌어오라고 하잖아. 내가 돈을 많이 버는 게 당신한테는 어떤 의미야?

아　내: 당신이 돈을 많이 벌어오면 내가 안정감을 느껴. 우리 가족
이 안정적인 생활을 하고 아이들도 대학을 졸업할 수 있다
는 생각이 들어서 마음이 편안해.

남　편: 아! 그렇구나. 내가 돈을 못 벌면 당신이 불안하구나.

아　내: 나는 우리 아이들이 대학을 졸업하지 못할까 봐 두려워.

남　편: 우리 아이들이 대학을 졸업하지 못하는 건 나도 원하지 않
아. 당신은 애들이 대학을 졸업하지 못할까 봐 두려워하는
데 그게 왜 그렇게 두려운 거야?

아　내: 내가 좋은 부모가 아닐까 봐 두려워.

남　편: 대학을 졸업시키지 못하면 좋은 부모가 아닌 것 같구나. 당
신은 좋은 부모가 되고 싶은 거군.

아　내: 그래. 내가 대학을 졸업하지 못해서 나는 열등감을 느끼며
살아왔어. 그래서 나보다 능력 없는 사람 밑에서 돈도 적게
받으며 일을 해야 했어. 나는 내 자식이 나처럼 사는 것을
원하지 않아. 우리 부모가 나를 대학까지 보내 주었으면 내
가 그렇게 살지는 않았을 거라 생각하니까 나는 우리 애들
을 꼭 대학을 졸업시키고 싶은 거야.

아내가 이렇게 말을 하면 남편의 마음은 어떨까? 좋은 부모가 되
고 싶고 아이들이 자기처럼 사는 것을 원하지 않는 아내의 소망을
이루어 주고 싶은 마음이 들 것이다.

아 내: 당신은 내가 얘기하자고 하면 늘 내가 알아서 하겠다며 자리를 피했잖아. 내가 얘기하자고 하면 어떤 감정이 들었어?

남 편: 당신이 얘기하자고 하면 나는 무서워. 마치 어렸을 때 엄마한테 혼나는 느낌이 들었어.

아 내: 그랬구나. 나도 엄마한테 혼나는 느낌이 드는 건 싫은데 당신도 싫었겠네.

남 편: 그래. 그래서 얘기하자고 하면 도망가고 싶었어.

아 내: 나는 당신이 도망가면 버려진 느낌이 들었어. 당신한테 나는 중요한 사람이 아니라는 생각이 들어서 절망감도 느꼈어.

남 편: 그게 그렇게 연결됐구나. 당신 입장에서는 그럴 수도 있었겠네. 나는 당신이 나에게 돈도 못 벌어 온다고 할 때마다 내가 쓸모없는 사람이 되는 것 같고 초라한 느낌이 들어 도망가고 싶었던 건데…….

남편이 이렇게 말을 하면 아내는 어떤 마음이 들까? 남편을 몰아붙이기보다 격려해 주고 싶은 마음이 들 것이다.

부부가 이렇게 불안이나 두려움, 열등감 같은 서로의 속마음을 얘기하는 정서적인 의사소통을 하면 마음을 이해하게 되고 안정적인 애착이 형성된다. 안정적 애착이란 두 사람이 충분힌 사랑의 관계를 맺고 있어 내가 사랑받고 있고 사랑을 주고 있다는 확신이 있는 상태다. 상황은 바뀌지 않아도 사랑하는 사람이 언제나 내 옆에 있으면서 내 마음을 알아주고 함께 그 마음을 나누면 친밀감이 형성되고 어려움을 이겨 나갈 힘이 생긴다. 친밀감이 회복되면 마음이 편해지면서 부정적인 정서에 빼앗기던 에너지를 남편은 일에 쏟을 수 있고 아내는 남편을 격려하는 데 쓰면서 돈도 더 잘 버는 선순환이 가능해질 것이다.

두 사람 사이에 정서적 유대로 인한 사랑의 관계를 제대로 맺지 못하면 불안정 애착, 회피 애착, 두려움 애착이 생긴다. 앞에서 얘기한 메리 에인스워스의 유아 애착에 관한 연구를 발전시켜 성인 애착을 다룬 수잔 존슨은 애착 손상으로 인한 애착 유형을 네 가지 유형, 안정 애착, 불안 애착(집착형), 회피 애착(거부형), 공포회피 애착(두려움형)으로 구분한다. 이런 애착 유형은 '누가 더 많이 친밀감을 요구하는지, 지지해 줄 것을 요구하는지, 상대가 고통스러울 때 어떤 태도를 취하는지'에 대해 질문함으로써 알 수 있다.

첫째, 안정 애착 유형은 긍정적, 부정적 정서를 쉽게 표현할 수 있고 배우자를 믿어 주고 긍정적으로 생각한다. 힘들 때 배우자를 통해 위로받고자 하고 상대의 요구가 있을 때 위로하고 지지할 수 있다. 둘째, 불안정 애착 유형은 상대에게 강력한 지지와 관심을 요구하고 자신에 대한 위협과 상처를 과장한다. 셋째, 회피 애착 유형은 상대에게 관심을 가져 달라 요구하지도 않지만 상대가 불안해하거나 요구해 올 때 그렇게 해 주는 것도 힘들어한다. 자신에 대한 위협과 상처를 최소화시키려 하고 정서를 제한적으로 표현하며 일과 다른 활동에 더 많이 집중한다. 강 씨는 불안정 애착, 남편은 회피 애착 유형이다. 넷째, 공포회피 애착 유형은 친밀감을 거부당하는 것에 대한 두려움을 보이며 정서적, 신체적으로 접근하기 힘든 유형이다. 정서적인 반응을 하지 못하고 자신을 드러내기 어려워한다. 상대가 자신을 배려한다는 것을 믿지 못하고 자신에 대한 지지를 요구하지 못하며 지지를 받게 되면 오히려 위축된다. 때로는 사랑하는 사람에게 난폭한 행동을 하기도 한다.

부부는 안정적인 관계 안에서 서로를 연결시켜 주는 고리인 사랑을 받으려고 애를 쓰지만 부정적인 정서 경험을 하면서 비효과적으로 의존된 불안정 애착도 되고 회피 애착, 공포회피 애착도 된다. 정서적 의사소통에서 가장 중요한 상호작용 패턴을 결정짓는 관계, 애착의 중심은 사랑이다. 자신의 마음, 즉 욕구와 감정을 표현하는 상호관계가 어려운 이유는 내가 사랑하고 사랑받는다는 느낌이 들지 않아서다. 강 씨와 남편도 서로 사랑받는다는 긍정적 정서 경험과 반응에 대한 느낌이 없어서 사랑받는 느낌을 느끼고 싶어서 각자의 애착 유형에 따른 부정적 대화를 했던 것이다.

대화 패턴은 가정에서 만들어진다

싫은 부모를 똑같이 닮는다

대화 패턴은 내가 원가족에서 어떤 정서적 경험을 했느냐에 따라 달라진다. 원가족 안에서 비난받고 공격당하는 부정적인 정서 경험을 많이 했으면 그로 인해 상처를 받았으면서도 나도 똑같이 한다. 그렇게 하는 것 외에 다른 상호작용 방법을 모르기 때문이다. 강 씨가 남편을 비난하고 공격했던 것, 이는 강 씨가 자신의 가정에서 경험했던 것이다. 엄마가 아버지에게 늘 했던 방식이다. 강 씨는 수용받고 지지받은 경험이 없어 자신도 다른 사람을 수용하고 지지해 주지 못한다. 수용받고 지지받고 싶었던 욕구가 채워지지 않아 정서적 결핍을 느끼면서 자신도 다른 사람을 비난하고 공격하는 부정적 고리 만들기를 반복하게 된다. 역기능 가정의 대화 패턴이다.

대화 패턴과 관계 패턴은 가정에서부터 시작된다. 내가 부모형제와 어떤 관계를 맺었는가에 따라 다른 사람과도 유사한 관계를 맺게 된다. 그럴 수밖에 없는 것이 20여 년간 가족과 했던 상호작용대로 다른 사람과도 관계를 맺기 때문이다. 부모님의 부부 생활은 그런 면에서 자기 부부 생활의 모델이 된다. 자신의 배우자와 맺는 관계는 부모님의 부부 관계를 반복하게 된다. 여자라면 어머니가 아버지에게 했던 대로 남편에게 할 것이고, 남자라면 아버지가 어머니에게 했던 대로 아내에게 대하기 쉽다. 사람들은 너무나 익숙해서 자신이 그렇게 하고 있는지조차 알지 못한다.

Chapter 1에 소개했던 상민 씨의 경우도 그렇다. 상민 씨는 그렇게 싫어했으면서도 아버지가 가족에게 하던 패턴과 똑같은 대화 패턴과 관계 패턴을 보이고 있다. 상민 씨 아버지는 불안하면 화를 내고 걱정이 되어도 화를 내셨다. 상민 씨는 그런 아버지가 무섭고 싫었는데 예은이가 학교에서 문제가 있다고 했을 때 상민 씨도 아버지처럼 화를 냈다. 속마음으로는 예은이가 걱정이 되는데 겉으로는 화를 내고 있었다. 걱정된다는 정서적인 표현을 하지 못했다. 그런 것을 본 적이 없어서 그렇게 말을 하는 방법을 몰랐다. 원가족에서 본대로 했다. Chapter 1에 상민 씨와 혜진씨가 얘기했던 내용을 다시 보자.

아　내: 오늘 예은이 학교에 다녀왔어.

남　편: 왜? 무슨 일 있어?

아　내: 우리 예은이가 일주일 째 학교에서 조퇴를 했대.

남　편: 아니 왜?

상민 씨의 언성이 높아진다.

아　내: 예은이가 진하게 화장을 하고 유흥가를 돌아다닌대.

남　편: 뭐? 그게 무슨 소리야?

아　내: 도저히 믿기지가 않아. 어떡해야 할지 모르겠어. (나 무섭고 두려워.)

남　편: 예은이는 뭐래?

아　내: 뭐라고 얘기를 꺼내야 할지 몰라서 아무 말도 못했어. (당신이 도와줘.)

남　편: 당신은 뭐하는 사람이야? 집에서 딸내미가 뭐하고 다니는지도 모르고. (걱정되고 불안하다.)

아　내: 난 학원 잘 다니고 있는 줄 알았지.

남　편: 집 구석에서 잘 한다. 회사 일도 정신없는데 내가 애까지 챙겨야 돼? 아들도 아니고 딸은 엄마가 챙겨야지. (당신을 믿었는데⋯⋯.)

아　내: (같이 걱정은 못할망정 남의 일 얘기하듯 하네.) 예은이가 내 딸만 되는 거야?

남　편: 이 사람이 지금! 화가 나는 것 참고 있는 것 안 보여? 애가

　　　 잘못되는 것도 모르고 있었으면서 뭘 잘했다고!

아　내: 그러는 당신은 뭐했는데? 내가 당신이랑 무슨 말을 해!

부부는 누구보다 서로의 위로가 필요한 순간에 마음에 있는 말은 하지도 못하고 비난하고 공격하며 책임공방을 하고 있다. 상민 씨는 원가족 안에서 익숙해진 패턴으로 행동한다. 어린 시절 지지받고 수용받아 본 경험이 없었고 그 상처가 정서적으로 처리되지 않아 부인을 수용하고 지지해 주지 못한다. 이런 대화를 하고 나면 상대방에게 정이 떨어지고 마음을 닫게 돼 남보다도 못한 부부가 된다. 당장 눈앞의 자녀의 문제만으로도 힘이 드는데 서로 짐을 나누기는커녕 부부 간의 단절감을 경험하면서 결혼 생활 자체에 회의가 들게 하는 부정적인 대화 방식이다.

상민 씨가 자신의 불안하고 걱정되는 마음을 털어놓고 혜진 씨와 대화를 했더라면 서로 위안을 얻고 힘을 얻을 수 있었을 것이다. 이 대화를 이렇게도 할 수 있다.

아　내: 오늘 예은이 학교에 다녀왔어.

남　편: 그래? 무슨 일 있어?

아　내: 우리 예은이가 일주일째 학교에서 조퇴를 했대.

남　편: 그래? 무슨 일 때문에 조퇴했대?

아　내: 예은이가 진하게 화장을 하고 유흥가를 돌아다닌대.

남　편: 아니, 그게 무슨 말이야? 좀 더 자세히 말해 줘.

아　내: 응. 선생님이 연락이 와서…….

아내가 그동안의 모든 일을 다 얘기한다.

남　편: 예은이랑은 얘기해 봤어?

아　내: 뭐라고 얘기를 꺼내야 할지 몰라서 아무 말도 못했어. 난 우
리 예은이가 학원에 잘 다니고 있는 줄만 알았어. 도대체 이
게 무슨 일인지 모르겠어. 여보, 나 너무 무서워.

남　편: 그래, 학교에 불려가서 그런 얘기를 들었으니 당신 정말 많
이 무서웠겠네.

상민 씨가 하루종일 노심초사했던 혜진 씨의 마음을 알아주자
혜진 씨가 눈물을 흘린다.

아　내: 그래, 여보. 나 오늘 하루 무슨 정신으로 살았는지 모르
겠어.

남　편: 그랬겠어! 여보, 나도 당신한테 이 얘기를 듣는데 마음이 철렁
했어. 나도 예은이한테 무슨 일이 생긴 건지 진짜 걱정되네.

아　내: 당신도 걱정되지? 어쩌면 좋아. 우리 예은이가 무슨 일일
　　　까? 도저히 믿기지가 않아. 어떡해야 할지 모르겠어.

남　편: 나도 믿기지 않아! 불안하고 걱정되지만 예은이가 그런 행
　　　동을 했을 때는 이유가 있을 거야. 예은이 이야기 한번 들어
　　　보면 좋겠어! 무엇 때문에 그러는지 한 번 물어보자.

이렇게 부부가 서로 자신의 마음을 드러내는 대화를 하면 마음
속 가득한 불안과 두려움이 줄어들면서 감정에 압도되지 않는다.
걱정되고 불안한 마음은 말로 표현되는 순간 풍선에 빵빵하게 찼던
바람이 빠지듯 줄어든다. "기쁨은 나누면 두 배가 되고, 슬픔은 나
누면 반이 된다."는 말이 있다. 심각해 보이는 딸 문제도 부부가 함
께 걱정하면 부담이 반으로 줄어든다. 서로 책임공방을 하며 문제
를 해결하기는커녕 마음까지 상하는 대화 방식과 아이 문제 때문에
놀랐던 마음도 가벼워지고 걱정도 줄어드는 대화 방식의 차이. 어
떤 유형의 대화를 하는지는 '집에서 본대로'다. 일상의 행복과 불행
을 가르는 대화 패턴. 어떤 대화를 할지는 원가족의 대화 방식에서
비롯된다.

　관계에서 생기는 갈등은 서로 인정받고 사랑받고 싶어 하는 욕
구가 채워지지 않아서 생긴다. 위기가 왔을 때는 애착 욕구가 활성
화되어 더 강해진다. 아이의 문제로 위기를 느낀 상민 씨와 혜진 씨
의 애착 욕구는 더 강해졌는데 원가족에서 해 왔던 부정적인 대화

방식을 함으로써 애착 욕구는 채워지지 않고 갈등은 더욱 심화되었다. 부부는 아이로 인해 두 사람 사이에 갈등이 일어나고 있다고 생각하지만 실은 두 사람의 상호작용이 갈등의 원인이다. 부부의 대화 패턴이 파괴적이고 서로 비합리적인 반응을 주고받고 있는 것이 핵심 원인이다. 수용하거나 지지하지 못하는 부부의 상호작용이 만드는 관계가 문제의 핵심인데 두 사람 다 이를 문제라고 인식하지 못하고 있다. 자기의 정서를 드러내는 상호작용을 하지 못하고 상대방을 탓하고 지적하는 관계 패턴이 비합리적인 반응이라는 것을 모른다. 그런 자신은 보지 않고 아이의 문제라고 생각하며 아이를 간수하지 못한 상대방을 탓한다.

정서를 드러내지 못하게 하는 역기능 가정의 대화

내 마음을 드러내지 않는 것과 아울러 대화를 어렵게 하는 것은 상대에게 묻지 않고 추측하고 해석하며, 나의 행동에 대한 상대방의 피드백도 요청하지 않는 일방적인 대화 패턴이라고 했다. 대화 패턴은 가족 안에서 형성되는데 이런 대화 패턴은 역기능 가정에서 주로 나타난다. 역기능적인 가족은 주로 스트레스로 인한 높은 불안에 의해 만들어진다. 스트레스를 다루는 능력은 성숙의 척도를 나타내는 지표다. 분화되지 못한 정도가 심각하고 낮은 자존감을 가진 두 사람이 결혼을 하게 되면 부부 관계와 가족생활에서 야기

되는 스트레스와 긴장감에 잘 대처하지 못하는 모습을 종종 보인다. 부부 관계는 부부 각자의 자기 자신과의 관계에 달려 있다. 어머니나 아내가 자기 자신을 사랑하고 안정감을 느끼고 건강하게 성장하고 있다고 느낀다면 자신이 완성되었다고 느낄 것이다. 아버지, 남편도 마찬가지다.[7]

역기능 가정의 아이들은 모든 것을 통제받는다. 관계도 통제받고 감정도 통제받고 생각도 통제받는다. 그래서 내 생각, 내 감정을 잘 말하지 못한다. 당연히 피드백도 요청받지 못한다. 일방적인 관계 속에서 허용되는 것만 말할 수 있다. 부모가 자녀에게 원하는 말이 있고 감정이 있다. 역기능 가정에서 자란 아이들은 부모의 사랑을 받으려고 부모가 원하는 말을 하고 부모가 원하는 감정만 표현한다. 자기 감정과 생각을 표현하지 못하고 "내가 이렇게 하면 부모가 기분 좋아 하더라."라는 것을 습득해서 그렇게 한다.

이렇게 자란 사람이 성인이 되어 애착 대상인 애인을 만나거나 결혼을 하면 부모의 욕구에 밀려 채우지 못했던 자기 욕구를 채우고 싶어 한다. 부모와 살 때 자기 감정을 얘기하지 않고 부모가 원하는 것을 했던 것처럼 애착 욕구가 일어나는 사람이 생기면 자신이 부모에게 했던 것처럼 해 주기를 원한다. 자기의 마음을 말해 본

---

7 Bradshaw, J. (2006). 가족(*Bradshaw On: The Family*, rev ed.). 오제은 역. 서울: 학지사. 134-137.

경험이 없어 원하는 것을 말하지 못하고 "애인이라면 당연히 해 줘야하는 것 아니야?"라며 자신의 욕구를 상대방의 책임으로 돌리며 해 주기를 강요한다. 욕구를 말하지 않고 알아서 다 해 주기를 바란다. 가정에서의 대화 방식은 이렇게 대를 이어 전수되면서 관계를 어렵게 만든다.

존 브래드쇼(John Bradshaw)는 역기능 가정은 가족 안에서 무의식적으로 고통을 만들어 내는 일련의 은밀한 규칙들이 있는데 이를 통제의 규칙, 완벽주의의 규칙, 비난의 규칙, 미완성의 규칙, 불신의 규칙이라 했다.[8]

첫째, 통제의 규칙은 역기능 가족의 구성원은 모든 상호관계, 감정, 개인적인 행동을 항상 통제하고 있어야 한다는 것이다. 이는 수치심에 기초한 것으로 역기능적인 모든 가족 체계에서 아주 중요한 규칙이다. 감정을 통제하게 되면 자발성을 모두 잃어버린다.

둘째, 완벽의 규칙은 모든 일에 항상 옳아야 하며 실수를 두려워하고 피한다. 밖으로 완벽해 보여야 한다. 밖으로 보이는 완벽의 이미지를 만들어 두고 거기에 맞추어 살려고 한다. 이 규칙보다 사람을 절망으로 몰아가게 하는 것은 없다.

셋째, 비난의 법칙은 자신의 수치심을 감추려고 다른 사람들을

---

8 Bradshaw, J. (2006). **가족**(Bradshaw On: The Family, rev ed.). 오제은 역. 서울: 학지사. 167-173.

비난한다. 비난하는 행동을 통해서 자신의 수치심을 감추거나 수치심을 다른 사람에게 투사한다.

넷째, 미완성 규칙은 문제를 해결하지 말라. 싸움과 불화를 계속 유지하라. 이는 실제적인 해결이 없는 만성적인 다툼과 갈등으로 나타나거나 불건강한 밀착과 원인 해결이 없는 휴전으로 나타난다.

다섯째, 불신의 규칙은 "인간 관계에서 신뢰를 기대하지 말라. 아무도 믿지 말라. 그러면 절대로 실망하는 일이 없을 것이다."라는 것이다. 이러면 아예 독립적이고 냉담하거나 늘 사람들을 필요로 하며 비효과적으로 의존적이 되면서 감정적인 단절감과 불완전함을 느낀다. 부모는 이런 잘못된 규칙 때문에 역기능적이 되고 이런 규칙을 마음속에 지니고 있다가 이런 규칙으로 자녀들을 양육한다. 대를 이어 역기능 가족이 된다.

역기능 가족 구성원은 모두가 완벽해야 한다. 조금만 잘못을 해도 비난을 한다. "못해도 괜찮아."가 안 된다. 비난을 한다는 것은 내 안에 있는 부끄러움이 드러나지 않게 하려고 나에게로 향하는 포커스를 상대방에게 돌리는 행동이다. 자기 안의 부끄러운 비밀을 유지하기 위해 상대방을 비난한다. 이렇게 비난을 받으며 자란 사람은 다른 사람이 조금만 잘못을 해도 비난을 한다.

남 편: 당신은 뭐하는 사람이야? 집에서 딸내미가 뭐하고 다니는

지도 모르고. (걱정되고 불안하다.)

아　내: 난 학원 잘 다니고 있는 줄 알았지.

상민 씨가 걱정되고 불안한 마음을 드러내는 대신 "당신 뭐하는 사람이야?"라고 비난하듯 말하자 혜진 씨도 속상하고 위로가 필요한 자신의 마음을 얘기하는 대신 "난 학원 잘 다니고 있는 줄 알았지."라고 방어한다. 상민 씨는 아이가 이런 일에 연루된 것 자체가 창피하고 자기가 부모 노릇을 제대로 못한 것 같아 위축되는 마음도 있다. 그런 자신의 마음을 보고 얘기하면 서로 같은 마음을 나눌 수 있는데 그렇게 하지 못한다. 자신 안의 내적인 갈등을 "왜 그것도 못해?"라며 아내의 문제로 돌린다. 혜진 씨도 마음을 얘기하지 못하는 것은 마찬가지다. 남편의 비난에 "난 이렇게 했지."라며 방어한다. 서로 '마음을 얘기'하면 되는데 두 사람은 '뭔가를 해야만' 문제가 해결된다고 생각하며 "왜 제대로 못하냐?" "난 할 것 했다."며 공방을 벌이고 있는 형국이다. 상대가 무슨 말을 해도 내 주장만 하는 상황이 되고 있다. 부모와의 관계에서 지지받고 수용받지 못했기에 부부 관계에서도 서로를 수용하고 지지하지 못한다.

기능적인 가정은 부모와 자식 간의 분명한 경계가 서 있어 친밀한 관계를 유지하면서도 부모의 권위가 서 있고 자녀는 독립된 개인으로 존중을 받는다. 자녀보다 부부끼리 더 친밀한 관계를 맺는다. 부부 간에 안정된 애착이 형성되고 부모 자식 간에도 안정적인 애착이 형성되어 있다. 그러나 역기능 가정은 부모 자식 간에 경계가 너무 딱딱해 경직되어 있거나 경계가 허물어진 경우가 많다. 부부 관계는 친밀하지 않으며 부모 중 한 사람 혹은 두 사람이 각각 자녀와 밀착되어 있어서 상대 배우자를 왕따 시키는 관계 패턴이 만들어지면서 가족 내에서도 비밀이 많아진다. 가족 안에서 안정 애착이 형성되지 않아 회피 애착이 되거나 불안정 애착이 된다.

가족 간에 안정 애착이 형성되면 "나도 괜찮고 배우자도 괜찮은 사람이야." "나도 괜찮고 자녀(부모)도 괜찮아."라는 긍정적인 자기상이 생긴다. 긍정적인 자기상이 있으면 상대가 못해도 괜찮고 내가 못해도 괜찮다. 나도 내 열등함을 인정할 수 있고 상대방이 자신의 열등함을 드러낼 때 받아 줄 수 있다. 기분이 좋은 것, 기분 나쁜 것, 긍정적인 것, 부정적인 것 모두 말해도 된다. 마음에 있는 것을 다 말할 수 있다.

대화 패턴을 결정짓는 나의 이슈

나의 이슈 때문에 상대를 비난하고 공격한다

앞에서 얘기했던 강 씨의 사례를 보자. 강 씨는 자기 가정의 모든 문제는 남편이 돈을 벌지 못하기 때문이라고 했다. 그리고 문제가 생기면 본인이 나서서 문제를 해결하며 살았다. 그러면서 무책임한 남편과 살기 힘들다고 한다. 나는 강 씨에게 물었다.

나　：지난 5년 동안 아내 분께서는 열심히 집안일을 해결하며 사셨습니다. 결과는 어떤가요?

아　내：남편은 여전히 부족하게 돈을 벌어오고 앞으로도 돈이 필요한 일이 생기면 내가 해결을 해야겠지요.

　나　: 내가 남편을 비난하면서 일을 다 처리하니까 남편이 계속
　　　　그러는 것일 수도 있어요. 문제를 해결하지 않고 가만히 있
　　　　으면 어떨까요?

아　내: 그러면 내가 책임을 다하지 못하는 것 같고 상황이 나빠질
　　　　것 같아요.

　나　: 지금처럼 내가 다 해결하면서 남편을 비난하면 남편이 못하
　　　　는 것이 자연스러워요. 이 말이 어떻게 들리세요?

아　내: 어이가 없네요. 나는 집안이 엉망이 될까 봐 힘들지만 최선
　　　　을 다해 가정을 꾸려 왔어요. 남편 몫까지 내가 다했다고요.
　　　　그러면서 화가 나니 남편을 비난했는데 결국 나 때문에 남
　　　　편이 더 못하고 있다는 얘기로 들려요.

　나　: 네, 어이없고 억울한 마음이 들겠지만 그게 사실입니다. 나
　　　　는 그동안 아무도 믿을 수 없어서 내가 다 알아서 해 왔어
　　　　요. 뭐든 다 알아서 하는 것이 부인의 장점이기도 한데, 남
　　　　편하고의 관계에서는 약점으로 작용을 했습니다. 내가 불안
　　　　하고 내가 원하는 대로 하기 위해 부인이 나서서 일을 처리
　　　　하며 남편더러 제대로 하지 못한다고 하는 패턴이 반복되다
　　　　보니 남편은 결국 잘하지 못하게 된 것입니다. 서로 간에 역
　　　　동이 엮이면서 그렇게 된 것입니다. 지금 부인께서는 알아
　　　　서 다 해 버리는 나는 보지 못하고 남편이 안 하는 것에만

포커스를 맞추고 있습니다.

강 씨의 부모는 사이가 좋지 않았다. 아버지는 딴 살림을 차려서 집을 나가셨고, 어머니는 혼자서 자녀들을 키웠다. 아버지는 아주 가끔씩만 집에 오셨다. 강 씨는 이런 가정이 부끄러웠다. 부모는 자신을 돌봐 주지 못했고 관심을 가져 주지 않았다. 강 씨는 화목하지 못한 자신의 가정, 사회적으로 평가했을 때 부정적인 면이 많은 이런 가정의 모습이 남들에게 알려질까 두려웠다. 어려서부터 그런 가정의 모습이 드러나지 않도록 정말 열심히 살았다. 친구들은 강 씨가 그렇게 힘들게 사는 줄을 몰랐다. 공부도 잘하고 리더십도 있어서 여유 있고 화목한 가정에서 사는 줄 아는 친구들도 많았다.

> 나 : 부인께서는 어려서부터 아무도 도와주는 사람 없이 혼자 자기 일을 해 왔고 그래서 '상대를 신뢰하지 못하는 나'가 있습니다. '혼자 해야 하는 나'가 있는 거예요. 그런 내 이슈 때문에 알아서 잘합니다. 정말 애썼지요. 이렇게 잘해 온 나를 봐주고 그런 나를 수용하고 칭찬을 해 주어야 합니다. 원가족의 불화라는 부정적인 사실 안에서 이렇게 훌륭한 것이 나왔죠. 이것이 없었다면 나의 '알아서 하는 것'도 길러지지 않았을 겁니다. 지금 부인께서는 잘하는 나를 보지 못하고 "내가 이렇게 했는데도 남편이 안 된다."에 포커스를 맞추고

있습니다.

아 내: 그런가요? 지금은 내가 쉬어야 하는 상황인데 남편 때문에
쉬지도 못하고 있어요.

나 : 부인께서 원하는 것이 쉬는 것인데 무엇 때문에 못 쉬는 건
가요?

아 내: 내가 일을 그만두면 작은 아이 학원비를 댈 수 없고 큰 아이
가 대학을 졸업하지 못할 거예요.

나 : 그런 마음이 드시는군요. 애들이 대학을 졸업하지 못하면
어떨 것 같으세요? 내 안에 어떤 감정이 일어날까요?

아 내: 아이들 대학도 못 보내는 부모는 좋은 부모가 아니죠. 그것
은 생각하기도 싫어요. 견딜 수 없어요. 저는 우리 부모님처
럼, 어머니처럼 살고 싶지 않아요.

나 : 네, 어머니처럼 살고 싶지 않군요. 좋은 부모가 되고 싶고
그렇지 못할까봐 그러면 견딜 수 없을 것 같아서 일을 그만
두지 못하는 거네요. 그러면서 그것이 모두 남편 때문이라
며 남편을 공격하고 비난하며 일을 쉬지 못하고 있어요. 무
엇을 위해서인가요?

아 내: 네? 상담사 님은 왜 자꾸 같은 말씀을 하세요? 아이들을 위
해서라니까요.

이렇게 같은 말을 반복하게 되는 것은 자기를 제대로 보지 못할

때다. 강 씨는 자신이 원하는 그림을 위해서 남편을 비난하고 있다. 어린 시절 부끄러웠던 부모님과 가정에서 벗어나고자 애를 쓰며 살았고 본인의 가정을 이루었다. 남편이 실직을 하고 돈을 벌지 못하면서 부끄러웠던 가정이 되살아났고 이는 강 씨에게는 견딜 수 없는 일이다. 남들이 보기에 번듯한 가정—돈 잘 버는 남편에 좋은 대학 다니는 아이들, 화목한 가정—을 이루고 싶은 욕구가 좌절될 위기에 처했다. 이것을 두고 볼 수 없는 강 씨는 돈 못 버는 남편을 대신해 해결사 노릇을 했고, 지금은 쉬어야 하는데 쉬지도 못하고 일을 하고 있다. 그리고 이 모든 것이 남편 때문이라고 얘기하고 있다. 그러나 이는 남편 때문이 아니다. 엄밀히 말하면 번듯한 가정을 이루지 못하면 엄마처럼 무기력한 사람이 되어 버림받을지도 모른다는 강 씨의 불안과 두려움이 강 씨를 쉬지 못하게 하고 남편을 비난하게 만드는 원인이다. 강 씨는 원가족에서의 부정적 경험으로 인해 파괴적인 감정에 몰입되어 있다.

'남에게 번듯해 보이는 것', 이것이 강 씨의 유능감 이슈다. 어려서도 이것이 안 되어 힘들었고 지금도 이것이 안 되어 남편을 잡고 있다. 강 씨가 이렇게 '남에게 번듯해 보이는 것'에 집착하는 것은 강 씨 스스로가 자신을 번듯한 사람이라고 생각하지 않기 때문이다. 내가 괜찮은 사람이라고 생각하지 않으니까 괜찮은 가정을 이루는 것이 그렇게 중요하다. 그리고 이는 부모와의 애착이 제대로 형성되지 않아 스스로에 대한 긍정적인 자기상을 가질 수 없었기 때문이다. 부모와 안정적 애착이 형성되었더라면 긍정적인 자기상을 가질 수 있었을 것이고 부모의 불화나 가정의 어려움이 그렇게 부끄럽지도 않았을 것이며 지금 남편을 그렇게 비난하지도 않았을 것이다. 그러면 본인이 과하게 기능을 하면서 남편을 과소기능하게 만들지도 않아 오히려 본인이 원하는 화목한 가정을 이룰 수 있었을 것이다.

나의 이슈가 정서 표현을 가로막는다

강 씨 입장에서는 정말 살고 싶지 않다. 죽을힘을 다해 일을 해도 경제적으로 쪼들리는 상황은 나아지지 않았고 남편이 문제라고 생각했는데 본인이 문제라고 한다. 약한 것을 감추기 위해 강한 껍질을 만들었는데 지금 그 껍질을 벗지 않으면 계속해서 관계가 힘들어질 것이라고 한다.

강 씨는 남편과 알콩달콩 살고 싶은데 남편에게는 이렇게 말한다. "당신이 돈을 못 버니 우리가 못산다. 당신이 문제다." 이렇게 얘기하면서도 남편과 알콩달콩 살고 싶은 자신의 마음을 남편이 알 것이라고 생각한다. "알콩달콩 살고 싶다."고 얘기하지 않고 왜 비난하듯 얘기할까? 강 씨는 버림받은 어머니, 무책임한 아버지처럼 살고 싶지 않아서 '내가 책임을 지고 살아야 해.'라는 생각을 가지고 열심히 살았다. 그렇게 책임감을 가지게 된 내가 있는데 남편에게

서 책임을 다 하지 못하던 아버지의 모습을 본다. 남편에게서 보이는 그 모습을 보고 싶지 않은데 그것을 막는 방법으로 공격하고 비난하는 방법밖에 모른다. 거기다 아버지와의 관계에서 해결되지 않았던 문제가 덧입혀져 더욱 남편을 비난하고 공격했다. 그래서 아버지에게 어머니가 했던 똑같은 관계 패턴이 나온다. 그렇게 원치 않았던 어머니의 삶을 강 씨가 반복하게 되는 이유다.

> 나 : 힘드셨겠네요. 마음이 안타깝네요. 저는 부인을 충분히 이
> 해합니다. 그럴 수밖에 없었을 거예요. 본인도 이해받고 수
> 용받은 경험이 없었는데 어떻게 남편에게 그렇게 할 수 있
> 었겠어요. 괜찮습니다. 그럴 수도 있습니다. 그동안 참 얼마
> 나 힘들었을지…… 정말 애 많이 쓰셨어요. 너무 수고하셨
> 어요.
> 아 내: 네, 저 참 힘들게 살았어요.

강 씨는 말을 잇지 못하며 서럽게 울었다.

"나는 당신하고 알콩달콩 잘 살고 싶어." 강 씨가 남편에게 이 말을 할 수 있었다면 했을 것이다. 그렇게 못한다는 건 해 본 적이 없다는 얘기다. 그런 얘기를 하면서 살지 못했다. 이런 말을 못한다는 건 강 씨 안에 수치심이 있다는 얘기다. 이렇게 말하는 것이 어색하고 부끄럽다. 남편이 이 말을 받아 주지 않고 비웃을 수도 있다는

생각이 든다. 한 번도 원가족 안에서 그런 얘기를 들어본 경험도 그렇게 얘기해 본 경험이 없다. 정서적인 표현을 하고 수용받은 경험이 없다. 해 보지 않았기 때문에 못한다. 강 씨는 수용받지 못했던 경험 때문에 원하는 것과 반대로 얘기하고 있는 자신을 보고 남편이 아니라 자기 이슈 때문에 남편을 비난하고 있음을 알아야 한다. 그렇게 할 수밖에 없었던 정서 경험과 반응을 인정하면 남편에게 향했던 포커스가 자기에게로 돌려진다. 그것이 일방적 관계에서 상호작용으로 나가는 정서중심 대화, 꿈의 대화의 출발이다.

Chapter 4에서는 어떻게 하면 나도 꿈의 대화를 할 수 있는지, 아울러 그것의 장애물은 무엇인지, 이를 어떻게 극복해야 하는지 살펴보기로 한다.

Chapter 4

나도 '꿈의 대화'를
할 수 있다

자신의 마음을 편하게 얘기하고 상대방의 얘기도 잘 들어주는 '꿈의 대화'를 하고 싶다는 소망은 누구에게나 있다. 실은 우리가 하는 대화가 모두 그런 소망을 가지고 진행된다. 그러나 우리는 앞에서 살펴본 여러 이유 때문에 꿈의 대화를 하지 못한다. 내 마음을 말하는 대신 추측하고 해석하는 대화를 함으로써 오해 속에 진행되는 대화, 내가 원하는 것이 있는데 그것은 얘기하지 않고 상대방을 비난하는 대화, 상대방을 위해서라고 얘기하지만 결국 내가 원하는 대로 바꾸려고 일일이 지적하는 대화, 내 약점은 말하지 않고 상대방만 공격하는 대화. 내 의견만 있고 상대방의 의사는 물어보지 않는 피드백이 없는 대화 등. 우리는 이런 대화를 하며 상대가 내 마음을 알아주기 바란다.

이런 대화는 내가 아닌 상대방에게 포커스가 맞춰진 대화다. 상대방이 내가 원하는 대로 되어야 한다는 생각이 들어 있다. 이때의 대화란 내가 원하는 대로 상대방이 움직이도록 만드는 것이란 전제가 깔려 있다. 그래서 누구에게 힘이 있는지가 중요해진다. 힘이 있는 사람의 뜻대로 대화가 흘러간다. "내가 더 세니 너는 내 말을 들어!" 군대에서는 이런 식으로 대화가 진행된다. 그러나 사회생활도 이런 식으로 하면 겉으로는 "네, 네." 하며 따르지만 마음을 얻을 수는 없다. 하물며 가족 관계나 친구, 친교 모임 같은 사적인 관계에서 이런 식의 대화를 하면 관계는 당연히 나빠진다.

대화는 상대가 내 마음대로 움직이게 만드는 것이 아니라 서로의 마음을 알아주는 데 목표가 있다. 문제가 생기면 "대화로 풀자."
고 하는데 대화로 풀려면 서로의 마음을 충분히 알아주고 입장을
이해해 주어야 한다. 여자들이 수다를 떨고 나면 마음이 개운하다
고 하는데 이는 누군가 내 마음을 알아주기 때문이다. 마음을 알아
주면 원하는 대로 일이 진행되지 않아도 마음이 풀린다. 마음을 알
아주면 정서적으로 교감이 되며 소통이 된다. 말 한마디로 천 냥 빚
을 갚는다는 말이 있는데 이는 그 사람의 마음을 정확하게 알아주
어 시원하게 해 주는 말일 터다. 내가 말하는 것을 내 마음같이 알
아주고 상대방의 말도 상대방이 의도한 대로 알아주는 대화, 이런
대화가 꿈의 대화다. 이런 대화를 하고 나면 마음이 따뜻해지면서
어떤 일이든 도전할 수 있는 힘이 생긴다.

　마음을 알아주고 정서적 소통이 되는 대화, 이런 꿈의 대화는 어
떻게 할 수 있을까? 다른 사람보다 좀 더 이해심이 있고 공감을 잘
하는 사람이 있는데 이렇게 타고난 사람만 할 수 있는 일일까? 아니
다. 꿈의 대화는 상대방에게 포커스를 맞추는 대신 자신에게 포커
스를 맞추어 자신의 마음을 알고, 표현하는 대화를 한다면 누구나
할 수 있는 대화다. 내 마음을 드러내어 표현하고 상대방의 피드백
을 구한다면 누구나 마음을 알아주고 정서적 소통이 되는 꿈의 대
화를 할 수 있다. 다음에 소개하는 단계를 밟아 대화를 한다면 누구
나 꿈의 대화를 할 수 있다.

1단계: 상대방이 아닌 나에게 포커싱하기
-냉장고 때문에 싸우는 부부 스토리

냉장고를 왜 이렇게 지저분하게 써!

앞에서도 얘기했지만 대화를 하며 어려움을 느낄 때 보통 내가 아니라 상대방이 문제라고 생각한다. 그래서 상대방을 고치려고 말을 하는데 이것이 상대방에게는 비난이나 공격으로 들리면서 갈등이 생긴다. 상대방의 말이나 행동에 불편함을 느낀다면 그것은 곧 내 안의 어떤 문제가 건들었다는 신호다.

평소 정리 정돈을 잘하는 남편. 남편은 수시로 냉장고 문을 열고 확인을 한다. 아내는 남편이 냉장고 문을 열고 서 있으면 긴장이 된다.

남　편: 당신은 냉장고를 왜 이렇게 지저분하게 써? 시금치가 냉장고 안에서 다 썩고 있어!

아　내: 바쁘다 보면 그럴 수도 있지. 당신은 남자가 왜 그렇게 잔소리가 심해! 다른 사람들도 다 그러고 살아. 제발 주방에서 내가 뭘 하든 간섭하지 말아요.

남편은 냉장고가 깨끗하지 않으면 화가 난다. 어려서부터 깨끗한 냉장고를 보고 살아서일 수도 있고 원가족 관계에서 이런 잔소리를 하는 것을 보고 자라서일 수도 있다. 혹은 '뭐든 완벽한 상태로 살고 싶다.'는 마음에 그럴 수도 있다. 이유가 무엇이든 깨끗한 것을 원하는데 그렇지 못해 불편하다. 그런데 냉장고가 깨끗하지 않아서 불편하고 괴로운 사람은 남편이지 아내는 아니다. 아내는 남편이 지적을 하지 않으면 냉장고 때문에 불편하지 않다.

냉장고 문을 열고 검사하듯이 살펴본 후 아내에게 뭐라 얘기하는 것은 결국 남편이 본인의 괴로움을 해결하기 위해 아내에게 잔소리를 하는 것이 된다. 엄밀히 말하면 남편이 느끼는 불편함의 원인은 '냉장고가 깨끗하기를 바라는 마음'이다. 이 마음이 없으면 냉장고가 깨끗하거나 말거나 별로 신경이 쓰이지 않는다. 남편에게 이렇게 말하면 어이없어 한다. 여자가 부엌 살림을 깨끗하게 하는 것이 당연하다고 생각하기 때문이다. 남편은 깨끗한 냉장고에 익숙해서 냉장고를 깨끗하게 사용하지 않는 아내가 게으르고 지저분하다고 생각하며 '내가 말을 해서 고쳐야겠다.'는 마음으로 얘기를 한다. 아내는 이를 잔소리라 여긴다.

냉장고로 힘든 건 남편, 아내에게 요청해야

그러나 어느 정도 깨끗한 것이 깨끗한 것인가에 대한 기준은 사람마다 다르다. 아내 입장에서는 냉장고가 '그만하면 괜찮다.'고 생각할 수 있다. 또는 그렇게 보기 싫으면 남편이 정리를 해도 된다고 생각할 수도 있다. 남편이 이렇게 말하면 아내와 갈등하지 않을 수 있다.

"여보, 나는 우리 집 냉장고가 깨끗했으면 좋겠는데 그렇지 않으니 괴롭네. 주방은 당신 소관이니 당신이 좀 치워 주면 고맙겠는데, 어떻게 생각해?" 이렇게 물은 뒤, 아내가 깨끗하게 청소를 해 주면 고맙고 못하겠다고 해도 할 수 없다고 생각해야 갈등이 없다.

남편뿐 아니라 아내가 이 대화를 다르게 이끌어 갈 수도 있다. 지금 아내는 남편의 지적에 방어를 하며 공격을 하고 있다. 남편이 아내가 냉장고를 깨끗하게 하지 않는 것이 잘못하는 것이라고 생각하듯, 아내는 좀스럽게 부엌 일에 관여하고 잔소리하는 남편이 잘못하고 있다고 생각한다. 그러나 냉장고가 깨끗해야 편안한 자기 마음 때문에 아내를 지적하는 남편처럼 아내도 자기 문제를 건들여 남편의 말에 방어하고 공격하는 말을 하고 있다. 문제는 남편의 말이 아니라 본인 안에 있는 어떤 생각 때문이다.

아내가 "당신은 냉장고를 왜 이렇게 지저분하게 써? 시금치가 냉장고 안에서 다 썩고 있어!"라는 남편의 말에 "그래, 나도 정리는 해야겠다고 생각했어. 시간될 때 정리할게."라고 반응을 할 수도 있는데 그러지 않고 남편을 공격한다. 아내가 이렇게 말을 하기 어려운 이유는 여러 가지가 있을 수 있다. 어린 시절 부모에게서도 정리 못한다고 야단을 맞았는데 남편에게도 잔소리를 들어 기분이 상할 수 있다. 무의식적으로 그때의 기억이 되살아나며 열등한 사람이 되는 것 같아서 괴롭기 때문일 수도 있고 또 뭐든 잘하고 싶은 사람인데 그렇지 못하다고 지적을 받는 것이 힘들어서일 수도 있다. 어느 쪽이든 '뭐든지 잘하지 않으면 안 된다.'라는 생각이 밑에 깔려 있어서 남편의 말을 수용하기 어렵다. '실수해도 괜찮다. 못하는 것이 있어도 괜찮다.'가 되지 않고 '못하는 것이 있으면 안 된다. 큰일 난다.'는 마음이 있으면 상대방의 지적이나 비난을 수긍할 수가 없다. 무언가를 잘하지 못한다고 지적을 받아도 본인이 괴롭지 않으면 그 지적을 수용할 수 있다.

"여보, 나도 정리를 잘하고 싶은데 나는 잘 못하겠어. 나도 잘 못해서 괴로운데 당신이 지적하는 말을 들으면 내가 마음이 상해. 당신이 도와주던가 아니면 못 본 척 해 줬으면 좋겠는데 내 말에 대해 어떻게 생각해?" 그리고 아내도 자신의 이런 요청을 남편이 들어주면 고맙고 안 들어주어도 할 수 없다고 생각해야 갈등이 안 생긴다.

아내가 이렇게 말을 하면 남편 입장에서는 '아, 아내가 일부러 안 하는 것이 아니라 못하는구나.'라고 생각하며 '일부러' '게을러서' 안 한다고 생각해서 화가 났던 마음을 가라앉힐 수 있다. '이제 잔소리하지 말아야겠다.'고 마음먹을 수도 있고 나아가 '내가 정리하는 것을 도와주어야겠다.'고 마음으로 다짐할 수도 있다. 물론 "남들 다 잘하는 것을 당신은 왜 못해?"라고 비난할 수도 있겠지만 이러면 냉장고를 떠나 사람에 대한 공격이 되니 더 큰 싸움이 된다.

대화를 주도하는 건 상황이 아닌 마음 상태

보통 내가 어떤 반응을 할 때, 상대방의 말이나 행동 때문에 그런 반응을 한다고 얘기한다. 그러나 상대방은 내 안에 어떤 것을 건드렸을 뿐이다. 원인은 상대방에 의해 건드려진 내 마음과 생각이다. 지적과 비난은 내가 괴롭고 힘들어서 상대방을 바꾸려는 태도다. 그런 태도는 상대방을 자극해 더 큰 비난, 공격으로 연결된다. 공방이 지속되면 상대방이 잘못한 것을 증명하려고 서로를 깎아 내리며 싸움을 하다가 대화가 단절되기 쉽다. 대화가 단절되고 난 뒤에도 상대방이 문제라고 생각한다. 두 사람의 생각은 전혀 달라지지 않아 다음번에도 같은 문제로 또 다투기가 쉽다.

한 사람이라도 자신의 마음의 움직임을 알아채고 그 마음을 드러내어 표현할 수 있으면 이런 공방전에서 벗어날 수 있다. 아내나 남편을 지적하거나 비난하며 내 문제를 해결하려 하는 대신 내가 이런 마음이라는 것을 얘기하고 아내나 남편이 내 문제를 해결해 주도록 도움을 요청하는 대화가 필요하다. 상대가 내 도움 요청을 받아들이면 고맙고 아니면 어쩔 수 없다. 문제는 상대가 아닌 '깨끗해야만 편한' 나(남편)와 '잘한다는 소리를 들어야만 하는' 나(아내)의 '마음'이기 때문이다. 문제의 원인이 상대가 아닌 나의 마음임을 알게 되는 것이 상대가 아닌 나에게 포커싱을 하는 것이다. 이런 시선 전환은 사실 한 인간에게 있어서는 코페르니쿠스적인 전환과 같은 큰 변화다. 상대가 문제라고 생각하던 것으로부터 내가 문제임을 아는 것이기 때문이다. 미처 의식하지 못했던 내 마음과 생각이 문제였음을 자각하는 것은 '자기를 알아가는 대장정'의 출발점이다. 한 가지 첨언하자면 나에게 포커스를 맞춘다는 것이 내가 잘못했다는 것을 인정한다는 말은 아니다. 잘되고 잘못되고를 판단하지 않고 '내가 왜 이러는지'를 이해한다는 뜻이다.

남편에게는 '냉장고가 깨끗해야 편한, 나아가 집안 전체가 깨끗해야 편한' 마음이 있고, 아내에게는 '지적을 받고 싶지 않은, 나아가 집안일을 잘한다고 인정받고 싶은' 마음이 있다. 남편과 아내가 스스로에게 이런 마음이 있음을 인식하는 것, 이것이 자신에게 포커스를 맞추는 것이다. 꿈의 대화는 이런 마음을 드러내고 표현할 때 가능하다.

두 사람의 마음 상태에 따라 같은 냉장고 문제라도 다른 대화가 가능하다. 상대방을 비난하는 기존 버전과 자기 마음을 드러내는 버전을 비교해 보자.

• 기존 버전

"당신은 냉장고를 왜 이렇게 지저분하게 써? 시금치가 냉장고 안에서 다 썩고 있어!"

"바쁘다 보면 그럴 수도 있지. 당신은 남자가 왜 그렇게 잔소리가 심해! 다른 사람들도 다 그러고 살아. 제발 주방에서 내가 뭘 하든 간섭하지 말아요."

• 달라진 버전 1(남편은 자신의 마음을 표현하고 아내는 표현하지 않음)

"여보, 나는 우리 집 냉장고가 깨끗했으면 좋겠는데 그렇지 않으니 괴롭네. 주방은 당신 소관이니 당신이 좀 치워 주면 고맙겠는데, 어떻게 생각해?"

• 아내의 예상 답변

1. "바쁘다 보면 그럴 수도 있지. 당신은 남자가 왜 그렇게 잔소리가 심해! 다른 사람들도 다 그러고 살아. 제발 주방에서 내가 뭘 하든 간섭하지 말아요."
2. "그렇게 괴로우면 당신이 치워!"
3. "여보, 내가 얼른 치울게."

남편이 질문을 바꾸어도 아내의 답변은 바뀌지 않을 수도 있다.

아내가 1, 2번의 버전으로 대화를 하면 대화가 순조롭게 진행되기 어렵고 3번의 대화를 하면 남편 마음은 편하지만 아내에게 부담이 갈 수 있다.

• 달라진 버전 2(남편과 아내 다 자신의 마음을 표현함)

"여보, 나는 우리 집 냉장고가 깨끗했으면 좋겠는데 그렇지 않으니 괴롭네. 주방은 당신 소관이니 당신이 좀 치워 주면 고맙겠는데, 어떻게 생각해?

• 아내의 예상 답변

1. "그래 너무 지저분하지? 나도 그렇게 생각했는데 피곤해서 못했어. 좀 있다가 치울게."

2. "여보, 나도 정리를 잘 하고 싶은데 나는 잘 못하겠어. 나도 잘 못해서 괴로운데 당신이 매번 얘기를 하면 마음이 상해. 당신이 도와주던가 아니면 못 본 척 해 줬으면 좋겠는데, 내 말에 대해 어떻게 생각해?"

남편도 자신의 마음을 표현하고 아내도 자신의 마음을 표현하는 대화다. 상대방의 말을 수긍하면서도 자신의 마음도 드러내는 이런 대화는 한쪽의 의견만 반영되는 일방적인 관계일 때 오는 억울함이나 피로함을 없애 서로에게 앙금이 남지 않는 꿈의 대화다.

상대의 반응은 나의 행동에 따라 달라진다. 보통 우리는 상대의 반응이 나로부터 유발되는 것을 모르는 경우가 많다. 부부 관계에서 남편과 아내가 보이는 반응은 내가 촉발한 부분이 많다. 상대의 반응이 마음에 들지 않을 때 내가 어떻게 했기에 이 사람이 이렇게 할까를 보아야 한다. 부부 관계뿐 아니라 다른 인간 관계에서도 마찬가지다.

"내가 어떻게 했기에 저 사람이 저렇게 행동을 하지?"
"내가 어떻게 했기에 저 사람이 저렇게 반응을 하지?"
"내가 어떻게 했기에 저런 감정을 보이지?"

상대방과 갈등이 있을 때 자신을 보지 못해서 상대방에게 문제가 있다고 생각을 한다. 상대방이 아닌 나를 보면 상대방의 반응이 이해될 때가 많다.

2단계: 내 마음 들여다보기
-무엇 때문에 마음보기가 어려운지 깨닫기

비난하는 사람 앞에서는 방어하느라 자기를 보기가 어렵다

내 자신을 보는 것, 이것이 기적이다. 기적이라는 말은 일어나기 어려운 일이라는 의미가 내포되어 있다. 상대방이 하는 일이나 행동은 잘 보인다. 그런데 내가 어떻게 하고 있는지는 잘 보이지 않는다. 내 마음을 보려면 자기가 보고 싶지 않은 것을 볼 수 있는 힘이 있어야 한다. 스스로 자신을 수용하지 못하는 상태나 열등감이 심한 상태에서는 어렵다. 자기를 보는 것이 기적이라 할 정도로 어려운 이유다.

대기업에 다니다가 퇴직, 사업을 시작했으나 실패한 한 씨, 실패를 만회하고자 이것저것 해 봤지만 하는 족족 다 실패했다. 이 과정을 지켜보던 부인이 줄기차게 해 왔던 말이 있다. "당신이 뭐 하나 제대로 하는 게 있어?" 이에 대한 한 씨의 답변은 이랬다. "당신이 이렇게 초를 치니 내가 뭐든 제대로 하겠어?"

한 씨는 부인에게 "당신이 뭐 하나 제대로 하는 게 있어?"라는 말을 듣지 않으려고 정말 '하나라도 제대로 해 보려고' 자신이 할 수 있는 모든 것을 다 해 보았다. 이렇게 실패할 때 한 씨가 느끼는 감정은 어떤 것일까? 한 씨는 부인 앞에서 자신의 감정을 이야기할 수 없다. 그러려면 자신의 실패를 먼저 인정해야 하기 때문이다. 현재 한 씨와 부인의 관계는 겉으로만 부부인 쇼윈도 부부다. 부인은 자녀들이 대학만 졸업하면 이혼하겠다는 얘기를 한다. 사회적 관계에서는 자기감정을 얘기하지 않아도 되니 한 씨가 사회생활을 하는 데는 지장이 없다. 그러나 부인하고의 관계는 친밀감이 필요한 관계라 감정을 얘기해야 좋아질 수 있다.

"여보, 나 실패했어. 또 돈을 까먹고 빚을 졌어."라고 인정할 수 있어야 자신의 감정을 표현할 수 있다. 한 씨가 실패를 할 때마다 느끼는 감정은 "미안하다. 내가 너무 못난 것 같아 비참하다. 한심하다. 괴롭다. 애들 생각에 힘들다. 아무것도 다시 할 수 없을 것 같아 두렵다."는 감정이다. 한 씨 안에 들끓고 있는 이런 감정을 드러내면 오히려 그 감정에서 벗어날 수 있다. 그러나 "당신이 뭐 하나 제대로 하는 게 있어?"라는 부인의 말을 들으면서는 자신의 실패를 인정할 수가 없다. "이번 일은 이렇게 될 수밖에 없었다."며 자신을 방어하기에 급급해진다. 실패한 자신이 수용되지 않아 실패를 인정하기 어렵다. 한 씨는 실패한 자신을 수용해 주지 않는 사람이 부인이라고 생각하지만 사실은 본인이 본인을 수용하지 못하고 있다. 스스로가 실패한 자신을 수용을 해 주지 않아서 힘들다. 실패한 자신을 용납하기 어려워 무언가라도 해서 '실패한 사람'이 아니라 '성공한 사람'이 되고자 한다.

잘나지 못한 자신을 수용 못해서 자기를 보기가 어렵다

한 씨가 이런 저런 다른 일을 시작하기 전에 먼저, 사업에 실패한 자신과 실패할 수밖에 없었던 자신을 수용해 주는 작업이 필요하다. "애썼다. 얼마나 수고했냐. 실패를 했지만 그렇게 애를 쓰고 수고한 것은 참 대단하다." 자신에게 이렇게 말해 주며 수용해 주어야 한다. 상대가 나를 수용해 줘서 일어나는 효과와 내가 나를 수용해 줄 때의 효과는 똑같다. 상대방에게 수용을 기대하기보다 자신이 먼저 수용해 주는 것이 필요하다. "그동안 참 애썼다. 열심히 남편 노릇, 가장 노릇하려고 애썼다."고 내가 먼저 나를 수용해야 한다. 이렇게 자기가 자기수용을 해 주지 못하는 것이 한 씨의 이슈다. 한 씨는 이것을 보지 못하고 부인이 나를 수용하지 않아서 힘들다고 생각한다. 내가 먼저 수용해야 한다. 자기가 자기를 수용 못해서 힘들다. 나를 안 보고 상대가 문제라고 한다. 상담의 장에 있어서는 자기를 알아가는 것이 희망이다.

자신을 보라고 얘기를 하면 사람들은 받아들이기 힘들어 한다. 상대방이 문제라고 생각했는데 본인이 문제라는 얘기처럼 들려 처음에는 받아들이기 어려워한다. 보통 이렇게들 말한다. "나는 여기 와서 위로받고 싶었다. 이 자리에서까지 당신이 문제 있다, 잘못했다, 그러니 바꾸라는 말은 듣고 싶지 않다. 화가 난다. 내가 지금까지 해 온 것이 잘못되었다고 평가받는 것 같아 거부감이 든다. 늘 그렇게 잘못해 왔다고 평가를 받아 왔는데 상담실에서도 평가받는 것 같아 기분이 나쁘다. 나보다 늘 나의 실수를 들춰 내고 비난하는 배우자가 더 나쁘다."

자기를 보는 것은 어렵고 힘들다. 직면하고 싶지 않은 자신의 약함, 추함, 악함 같은 것들을 직면해야 하기 때문이다. 그래서 상담자의 충분한 공감과 수용이 있고 나서야 자신을 볼 수 있게 된다. 자기를 보호하려고 상대방이 문제라고 생각한다. 문제를 상대에게 돌려야 살아갈 수 있었다. 나를 보면 살아갈 수 없다. 내 안에 있는 약함을 보는 것을 필사적으로 피하고 싶어 한다. 내 약함을 감추기 위해 내 것을 자꾸 덮는다. 못난 자신의 모습을 보기가 어려워서 다른 사람을 보며 다른 사람이 문제라고 생각한다. 한 씨는 자기를 욕하는 아내가 더 문제라고 생각한다. 그래서 자신을 보라는 말이 아내 편을 드는 말이라고 느껴진다.

잘못하는 자기를 수용하기가 왜 그렇게 어려운가

한 씨는 본인이나 가족이 무언가 잘못했을 때 "그럴 수도 있지. 그래도 괜찮아!"라고 수용하거나 지지하지 못한다. "그래도 괜찮아. 못난 모습도 괜찮아. 실패한 모습도 괜찮아. 그것까지 사랑해." 라고 말해 주는 사람들과 관계를 맺어 왔으면 못마땅한 자신을 받아들일 수 있고 아내와 자녀들에게도 그렇게 할 수 있는데 그렇지 못했다. 어린 시절 한 씨가 성적이 나쁠 때나 실수를 하면 아버지의 가차 없는 비난이 쏟아졌다. "이런 못난 놈, 성적을 그 모양으로 받다니 나가 죽어라." "그런 것 하나도 제대로 못하다니 네가 쓸모가 있겠냐. 한심하다, 한심해." 한 씨뿐 아니라 어머니에게도 아버지의 비난은 쏟아졌다. "애 공부도 못시키고 당신은 뭐하는 사람이야? 사람이 밥값을 하고 살아야지. 이러니 내가 집에 들어오고 싶겠어?"라며 엄마를 쥐 잡듯이 잡았다. 한 씨는 이런 아버지의 모습을 보며 "못나면 안 된다. 뭐든 잘해야 한다. 그래야 괜찮은 사람이다."라는 생각이 굳어졌다.

원가족 안에서의 이런 경험 때문에 한 씨는 실패한 자신을 수용할 수 없었다. 이런 과거의 경험을 보며 "내가 그랬던 데는 다 이유가 있었네. 그게 자연스러운 일었구나. 내가 그럴 수밖에 없었구나."라고 자신을 이해하고 수용할 수 있게 된다. 이 과정에서 많은 슬픔을 느낄 수 있다. 원하던 것을 얻지 못했던 슬픔을 애도해 주고 스스로 수용해 주는 경험을 통해 원가족에서 결핍되었던 수용받고 지지받는 경험을 할 수 있다. 이것이 되면 나를 볼 수 있다.

한 씨는 자신의 못난 모습을 보지 않고, 보이지 않고 살아가는 방법을 찾았는데 그것이 비난이었다. 못마땅한 일이 발생하면 다른 사람을 비난하고 나를 비난하는 사람에게도 비난으로 응수한다. 한 씨가 자신을 비난하는 아내를 비난하는 이유다. 마음을 드러내고 정서를 처리하는 방식은 원가족에서의 정서 경험 속에서 만들어지므로 자신이 어떻게 대화를 하고 상대방에게 반응하는지 원가족에서의 경험을 통해 이해할 수 있다. 내 원가족은 내가 실수하거나 실패했을 때 어떻게 반응을 했는지, 그리고 지금 나는 나의 배우자와 아이들에게 어떻게 하고 있는지를 보아야 한다.

이해받고 수용받는 경험을 하면 자기를 볼 수 있다

한 씨에게는 자신의 나약함을 보는 것이 고통스러운 일이었다. 그 고통을 느끼지 않으려고 고개를 돌리고 있었다. 나는 한 씨를 수용하기 위해 그 아픔에 머물러 주기를 시도했다. "내가 당신이라도 그럴 수밖에 없었을 것 같아요." "당신의 마음을 충분히 이해해요." 라고 하며 치료적 개입을 했다. 한 씨는 참으로 어색해 했다. 자신에게 중요한 사람에게서 이렇게 수용받는 경험을 해 본 적이 없었기 때문이다. 한 씨는 이해받고 인정받아 본 경험이 없었다. '네가 문제야.'만 있었지 '그래도 괜찮아.'라는 정서 경험이 거의 없었다. 그래서 한 씨는 상대에게도 정서적인 반응을 할 수 없었다. 상담 과정에서 나에게 수용받는 경험은 한 씨에게는 아주 낯선 경험이었다. 한 씨에게는 조건 없는 수용이 필요했다. 이전과는 다른 이런 교정적 정서 경험이 절실했다.

한 씨는 상담을 통해 마음을 나누는 관계가 아닌 머리로 생각하며 관계를 맺었던 자신을 보게 되었다. 자신의 모습이 어떻게 비춰질지 불안하고 무서워 상처를 받지 않기 위해 아주 두껍고 높은 벽을 쌓았다. 취약하고 연약한 자신이 드러날까 봐 두렵고 불안해 내면을 겹겹이 쌓았다. 자기감정을 드러내지 않고 대화를 하려면 그 사람의 행동을 보고 판단을 한다. '저 사람이 저렇게 행동하네. 저렇게 하는 것은 기분이 언짢아서 그럴 거야.'라고 자기 경험에 비추어 해석을 하게 된다. 한 씨는 자신이 정서적 관계를 맺어 본 적이 없었던 것을 인식하고 그런 자신을 받아들였다. 자신이 아내에게 정서적 표현을 못하는 것이 자연스러운 반응인 것을 깨달았다.

한 씨는 어린 시절 아버지의 비난을 받으며 정서적으로 몹시 두렵고 불안했다. 한 씨는 그때의 정서 경험을 이렇게 표현했다.

한   씨: 아버지가 저를 야단치며 못난 놈, 쓸모없는 놈이라고 비난
         할 때는 너무나 수치스러웠어요. 아버지가 저를 싫어하실까
         봐, 못난 저를 버릴까 봐 너무나도 무서웠어요.

나 : 네, 그 마음이 충분히 이해됩니다. 어린아이가 얼마나 두려웠겠어요. 그런 마음이 드는 게 자연스러운 겁니다. 저도 그 상황이라면 정말 그랬을 거예요.

한 씨는 나의 이 말에 어린아이 같이 소리 내어 울었다. "결국 제가 원했던 것은 아버지의 사랑이었네요."

한 씨는 드디어 자기를 볼 수 있게 되었다. 자신이 어떤 마음이었고 무엇을 원했는지 알게 되었다. '못나면 안 된다. 뭐든 잘해야 한다. 그래야 괜찮은 사람이다.'라는 생각은 그런 정서를 표현하지 못해서 생긴 내적 갈등의 왜곡된 결론이었다. 이 생각이 자신과 가족을 얼마나 힘들게 했는지 알게 되었다. 성장하면서 부모에게 생각, 감정, 관계를 통제받았던 사람은 자신의 마음을 읽기가 어렵다. 자신의 정서적인 상태를 알기도, 말하기도 어렵다.

한 씨의 이런 변화는 통찰이나 발전된 상담 기술이 아닌 자신의 마음에 꽉 차 있는 정서를 표현할 때 일어났다. 이런 새로운 정서적 경험을 통해 사람들은 삶의 중요한 경험들을 재구성하며 자신을 찾아 간다. 한 씨는 수용되는 경험과 내면에 꼭꼭 가둬 두었던 정서를 표현함으로써 잘 못하는 자신을 수용할 수 없었던 이유를 알게 되었다. 아버지의 사랑을 잃을까 봐 두려웠던 자신의 마음을 알게 되었고 못난 사람이 되면 아내의 사랑을 잃을까 봐 실패를 인정할 수 없었던 자신을 보게 되었다.

한 씨가 이렇게 얘기하면 아내와 소통이 된다. "여보, 어릴 때 우리 아버지가 내 성적이 떨어졌을 때 못난 놈이라고, 커서 뭘 하겠느냐고 하셨어. 내가 실패했다고 인정하면 당신이 나를 못난 사람이라 여기며 싫어할까 봐 두려웠어. 당신이 나를 떠날까 봐 두려워서 내 실패를 인정할 수 없었어." 관계 회복은 결국 정서 표현에 달려 있다. 감정을 말해야 회복된다. 한 씨에겐 나약함이 드러나고 확인됨으로써 오히려 그 취약함이 사라지는 정서 경험이 필요했다.

3단계: 내 마음 표현하기
- 원형탈모까지 온 정 대리 이야기

원형탈모증이 생길 정도로 스트레스를 받아도
말하지 못하는 이유

내 마음을 얘기하려면 먼저 '상대가 아닌 나에게 포커싱 하기'가 되어야 하고, 그다음은 나의 마음을 읽어주고 내가 나를 수용해 주는 것이다. 다음 스텝은 '내 마음 표현하기'다. 자신의 마음을 알더라도 이를 표현하지 않으면 상대방은 모른다. 우리는 내가 표현하지 않아도 다 알 것이라고 추측하는데 앞에서도 누누이 얘기했지만 표현하지 않으면 모른다.

추측과 해석으로 상대방을 오해하며 괴로운 나날을 보내다가 상대방에게 사실을 확인하기 위해 물어보고 자신의 마음을 표현한 정 대리의 사례를 소개한다.

중견 기업 디자인 팀에서 수석 디자이너로 일하고 있는 정 대리는 새로 들어온 경력 디자이너 때문에 몹시 괴로워했다. 과장이 자신보다 새로 온 디자이너를 더 예뻐해서 중요한 일을 맡기는 것 같아 과장에게 서운하고 자존심도 상했다. 정 대리는 이 일로 원형탈모증이 생길 정도로 스트레스를 받다가 나를 찾아왔다.

정 대리: 과장님은 정말 너무하세요. 제가 그동안 그렇게 열심히 했는데 어떻게 저보다 그 친구를 더 예뻐하고 더 중요한 일을 맡기느냐고요.

　나　: 과장님이 그 친구를 더 예뻐한다는 것을 어떻게 알았어요?

정 대리: 보면 알죠. 과장님이 나보다 그 친구를 더 자주 부르고 얘기도 더 상냥하게 하고.

　나　: 그래서 더 예뻐한다고 생각했군요. 그러면 그 마음을 얘기해 보면 어떨까요?

정 대리: 에이, 그런 것을 어떻게 얘기해요?

　나　: 얘기하면 어떨 것 같은데요?

정 대리: 나를 이상한 사람으로 볼 거예요. 나보다 쟤를 더 예뻐하느냐고 묻는다는 게.

　나　: 그런데 지금 그 문제 때문에 괴로운 것 같은데 맞나요.

정 대리: 그렇죠.

　나　: 괴로워하는 것보다는 마음을 얘기하는 것이 낫지 않을
　　　　까요?

정 대리: …….

원형탈모증이 생길 정도로 힘이 드는 데도 정 대리는 그 말을 하기 어려워한다. 자신을 이상한 사람으로 볼까 봐 도저히 마음을 얘기할 수 없다.

　나　: 마음을 얘기하는 것이 무엇 때문에 그렇게 어렵나요?

정 대리: 창피하죠.

　나　: 말을 하는 것이 창피하시군요. 무엇이 창피한가요?

정 대리: 내가 그런 문제에 신경 쓰고 있다는 것을 알게 되면 과장은
　　　　나를 무시할 거예요.

　나　: 마음을 얘기하면 무시당하거나 창피할 거라고 생각하시네
　　　　요. 이전에 그런 경험이 있었어요? 마음을 얘기했다가 무시
　　　　당하거나 창피했던 경험이요.

한참 생각을 더듬던 정 대리가 얘기를 꺼냈다.

정 대리: 네, 어렸을 때 제가 엄마에게 "동생이 더 예쁘냐, 내가 더 예

쁘냐?"라고 물어봤는데 엄마가 "너는 언니가 돼서 그런 것을 물어보니? 엄마가 동생을 예뻐하는 게 싫으니?"라고 꾸중을 하셨어요.

나 : 그때 기분이 어떠셨는지 기억나세요?

정 대리: 그때 창피했던 것 같아요. 엄마가 나를 더 예뻐한다고 얘기해 주기를 바랐는데 그런 얘기는 안 해 주고, 언니답지 못하다고 야단을 치셨어요. 저는 무안했고 언니 같지 않은 언니가 된 것 같아 너무 창피했어요. 어머, 지금 제가 똑같은 상태네요.

나 : 잘 보셨어요. 지금 엄마에게 동생과 나 둘 중 누가 더 예쁘냐고 물어볼 때처럼 과장님에게 새로 온 디자이너와 나 중누구를 더 예뻐하는지 확인하고 싶은 마음이 드네요. 그런데 엄마에게 물어보았을 때처럼 무안하고 창피할까 봐 두려워하고 있어요. 이 말이 어떻게 들리세요?

정 대리: 아! 그렇게 연결될 수도 있네요.

사람들은 이전에 경험했던 것을 통해 현재의 상황도 똑같을 것이라고 생각한다. 이전에 강렬한 감정적 경험을 했던 상황과 유사한 상황이 되면 그것이 아무리 오래된 일이라도 감정과 느낌이 그때로 돌아간다. 그것이 트라우마가 만들어지는 구조다. 몸과 마음이 이성을 뛰어넘어 반응을 한다.

창피해서 말하지 못한다

나는 질문하기를 창피해하는 정 대리에게 무엇이 창피한지 물어
보았다.

나　 : 그 말을 하기가 창피하다고 하는데 무엇이 창피한건가요?

정 대리: 과장님이 나를 예뻐하는지 아닌지 신경 쓰고 있다는 것이
　　　　알려지니 창피하죠.

나　 : 그것이 알려지는 게 창피한 이유가 뭔가요?

정 대리: 그런 것을 얘기하면 과장이 나를 예뻐하기를 바란다는 것처
　　　　럼 들릴 거 아니에요?

나　 : 그것을 원하는 것 아닌가요?

정 대리: 네? 과장이 나를 예뻐하기를 원한다고요? 그게 아니라 저는
　　　　제 능력을 인정받기를 원하는 거예요. 내가 더 오래되고 그
　　　　동안 열심히 일을 했는데 어떻게 새로 온 디자이너에게 일
　　　　을 맡기느냐 말이에요.

나　 : 예뻐해 달라는 얘기가 아니라 인정해 달라는 얘기라는 말씀
　　　　이시군요.

정 대리: 그렇죠.

나　 : 그 두 가지는 어떻게 다른 건가요?

정 대리: 예뻐해 달라는 말은 어린 애 같잖아요. 여기는 회사인데 그

럴 수는 없고 그러니 능력을 제대로 인정받고 싶다는 것이

지요.

나 : 그렇게 느끼시는군요. 그러면 지금은 과장님이 새로 온 디

자이너를 더 예뻐해서 내 능력을 인정하지 않는다는 얘기인

거네요?

정 대리: 그렇죠. 공적인 일을 사적인 감정으로 처리하는 거죠. 제가

화가 나는 게 그것 때문이라고요.

나 : 사적인 감정으로 공적인 일을 처리하니 내 안에 어떤 감정

이 들어요?

정 대리: 부당하고 억울한 느낌이 들어요. 그런 건 당연한 거 아닌가

요? 과장님이 잘못하고 있잖아요.

나 : 그러니 과장님에게 그것을 얘기해 보는 게 어떨까요?

정 대리: 창피해서 얘기 못한다니까요!

나 : 그래요. 그 말을 들으니 안타까운 마음입니다. 창피를 당하

면 어떻게 되는데요?

정 대리: 내가 못난 사람이 되잖아요!

나 : 아, 그러면 내가 못난 사람이 되고 싶지 않아서 얘기를 못하

는 거네요. 이 말이 어떻게 들리세요?

정 대리: 네? …… 그런 건가요?

나 : 어떻게 생각하세요? 내가 못난 사람이 될까 봐 얘기하지 않

는다는 말이?

정 대리: 아! 그게, 말도 안 되는 것 같은데…… 제가 그렇게 생각하
고 있는 줄 몰랐어요. 제가 그래서 그렇게 제 마음을 얘기하
기 힘들어 했군요.

정 대리는 자기가 못난 사람이 될까 봐 물어보지 못한다. 못난 사
람이 되는 게 두려워 자기 마음을 표현하지 못한다.

나 : 못난 사람이 되면 어떨 거 같으세요?
정 대리: 그러면 사랑받지 못할 것 같아요.

불쑥 대답을 하곤 정 대리는 생각에 빠지는 표정을 지었다. 그러
고는 눈물을 흘렸다.

정 대리: 제가 결국은 사랑받고 싶은 거군요. 그때 엄마가 언니답지
못하다고 야단을 칠 때 저를 미워하는 것 같았어요. 엄마의
사랑을 잃을 것 같아 두려웠어요.
나 : 아주 잘 보셨어요. 그 말을 하면 사랑을 잃을 것이라고 생각
해서 그렇게 말을 하기 어려웠던 거예요.

어린 시절 엄마가 동생보다 자신을 더 예뻐하기를 바랐던 정 대
리는 지금도 과장님이 새로 온 디자이너보다 자신을 더 예뻐하기를

바라고 있다. 그런데 그 마음을 얘기하자니 상사가 그때 엄마처럼 반응을 할까 봐 몹시 두렵다. 그렇다. 내 안에 불안감이 있으면 내 마음을 얘기하지 못한다. 내가 이런 것을 얘기한다고 나를 싫어하지는 않을까 미워하지는 않을까 불안하고 그렇게 되길 원치 않으니까 말을 못했다. 정 대리는 사랑받지 못할까 봐 두려워서 자신의 마음을 표현하지 못하고 있음을 알게 되었다. 본인의 이런 마음을 알고 나면 표현하기 어려웠던 말도 할 수 있는 힘이 생긴다. 무엇을 두려워하는지 모를 때는 두려움에 압도되지만 그 이유를 알고 나면 압도되는 감정에서 벗어날 수 있다.

상대방이 싫어할까 봐 말하지 못한다

압도하는 두려움의 실체를 알고 난 뒤 약간은 허탈해 하는 정 대리에게 물었다.

나　: 그럼 이제 과장님께 그 디자이너를 더 예뻐하는지 물어볼 수 있겠어요?

정 대리: 네, 할 수 있을 것 같아요. 그런데 "과장님! 저보다 그 친구 더 예뻐하세요?"라고 묻기는 너무 애들 같아요. 어떻게 물어봐야 하는 건가요?

나　: "과장님, 그 친구를 더 예뻐하시죠?"라고 묻는 것은 내가 과장님의 마음을 추측해서 이미 해석까지 하고 있는 거예요. 묻는 것이 아니라 따지는 것처럼 보일 수 있어요.

정 대리: 그러면 어떻게 물어봐요?

나　: 그 친구를 더 예뻐하는 것 같다는 생각이 들었던 상황을 자세히 묘사해 주는 거예요.

정 대리: 어떻게요?

나　: 예를 들어, "과장님이 나하고 얘기할 때는 말도 짧게 사무적으로 하시고 나한테 얼굴도 돌리지 않더라. 그런데 새로 온 디자이너하고 얘기할 때는 더 오랜 시간 얘기하고 자주 웃는 것 같았다."고 표현을 구체적으로 하는 거예요. 그게 뭐냐면 감각 정보예요. 보고 듣고 느낀 것을 이야기하는 것이니까 상대방도 공격받는 느낌이 들지 않아요. 내가 그렇게 구체적으로 묘사를 해야 상대방이 자기 모습을 볼 수 있어요. 그리고 나서 내 감정을 이야기하는 거예요. 그런 모습을 보면서 내가 굉장히 속상하더라 하면서 감정을 드러내는 거예요. 그래서 과장님이 그 디자이너를 더 좋아한다는 생각이 들었다. 내 생각이 맞나요?" 이렇게 물어보는 거죠.

정 대리: 그렇군요. 한번 해 볼게요.

상대방의 말이나 행동이 마음에 거슬려 내 마음을 얘기할 때 표현하는 방식이 중요하다. 물어보지 않는 사람은 정 대리처럼 자신의 경험으로 해석을 하고 확인도 하지 않은 채 상대방이 그렇다고 얘기하기 쉽다. 그러나 그건 내 감정이지 상대방의 감정이 아니다. 이렇게 얘기를 하면 오히려 갈등이 생긴다. 무언가를 물어볼 때는 상대방이 자기의 모습을 그려 볼 수 있도록 상세히 구체적으로 묘사한다. 나의 추측이나 해석을 넣지 말고 상황을 정확하게 묘사한다. 나의 말을 들으며 상대방이 자신이 한 말이나 행동을 그려 볼 수 있도록 상대방에게 거울이 되어주는 것이다. 이렇게 말을 하면 상대가 공격당한다는 마음이 들지 않게 된다. 그러면서 "그때 내 마음이 이랬어."라고 감정을 표현하면 그 사람이 자기를 본다. 말을 들으며 자신이 그때 어떤 마음이었는지 자기 마음을 들여다보게 된다. I-Message로 내 감정을 표현해 주면 상대가 자기를 보면서 '아, 나 때문에 저 사람이 진짜 힘들었을 수 있겠네.'라고 공감할 수 있다.

상대방을 공격하지 않으면서 내 마음을 표현하는 방법

다음 주에 나타난 정 대리. 얼굴이 편안해 보인다.

나 : 과장님과 얘기해 보셨나요?

정 대리: 네, 물어보았어요.

나 : 뭐라고 물어보셨어요?

정 대리: 지난 번 상담사 님이 말씀해 주신 것처럼 물어보았어요. "과
　　　　장님이 나보다 새로 온 디자이너를 더 자주 부르고 나하고
　　　　얘기할 때보다 더 자주 웃는 것 같다. 그래서 과장님이 그
　　　　디자이너를 더 좋아한다는 생각이 들고 더 중요한 일을 맡
　　　　기는 것 같다는 생각이 들었다. 그래서 제가 화가 나고 속이
　　　　많이 상했다. 제 생각이 맞나요?"라고요.

　나　: 아주 잘 물어보셨어요. 정말 잘하셨네요. 과장님이 뭐라고
　　　　반응하시던가요?

정 대리: 제가 그렇게 말하니까 막 웃으시던데요. 그런 거 아니라고.
　　　　저는 화를 낼 줄 알았는데…….

　나　: 생각했던 것과는 영 다른 반응이었네요.

정 대리: 네, 놀랐어요. 저는 과장님이 화를 내면서 "뭘 그런 소리를
　　　　하느냐?"고 할 줄 알았는데, 막 웃으시면서 실은 저에게 다
　　　　른 일을 맡길 계획이 있어서 새로 온 디자이너에게 그 일을
　　　　맡긴 거라고 하셨어요.

　나　: 네, 그랬군요. 그 말을 듣고 어땠어요?

정 대리: 마음이 편해졌어요. 내가 괜히 예민했구나 싶기도 하고. 이
　　　　럴 줄 몰랐어요.

　나　: 참 훌륭하세요. 창피해서 도저히 못할 것 같다고 했는데 잘
　　　　말씀하셨네요.

정 대리: 네, 제가 결국은 과장님이 저를 좋아하기 바란다는 것을 알

게 되니까 물어볼 용기가 생겼어요.

정 대리로서는 커다란 도전을 했다. "과장님이 새로 온 디자이너를 더 좋아하고 중요한 일을 맡겨 속상하고 화가 났다."고 말을 하는 것은 "당신이 나를 좋아하고 나에게 중요한 일을 맡겨 주는 것이 나에게는 중요합니다."라는 고백이기도 하다. 자신을 취약한 위치에 놓는 행동이다. 이런 말을 하는 게 사실 쉽지는 않다. 정 대리는 궁극적으로 자신이 과장님의 사랑을 원하고 있음을 알게 되면서 가족에게도 쉽지 않은 표현을 직장 상사 앞에서 할 수 있게 되었다.

나 : 내 마음을 얘기하기 어려워했는데 막상 얘기를 하니 생각하던 것과 반응이 달랐어요. 무엇이 다른 반응을 가져오게 했을까요?

정 대리: 그러니까 그게 저도 굉장히 놀라웠는데 제가 추측하거나 해석하지 않고 상황을 그대로 묘사하고 제 감정을 얘기해서였던 것 같아요. 이전 같으면 "왜 그 사람만 더 예뻐하고 사적인 감정으로 공적인 일을 처리하느냐?"고 미리 판단해서 단정 짓고 비난조로 얘기했을 거예요. 그러면 과장님도 아니라고 방어적으로 얘기하고 화를 내거나 저를 싫어하셨을 거 같은데 상황을 묘사하고 제 감정을 얘기한 것이 이런 다른 결과를 가져온 것 같아요.

우리가 물어본다고 할 때는 "왜 그 사람만 더 예뻐하고 사적인 감정으로 공적인 일을 처리하느냐?"며 이미 마음속으로 단정 짓고 힐난하듯 물어보는 경우가 많다. 물어보는 게 아니라 따지는 것이 되면서 상대방은 생각지도 못하게 비난이나 공격을 당한다고 여길 수 있다. 이렇게 묻는 건 묻는다기보다 비난하는 쪽에 가깝다. 물어보거나 자기 마음을 얘기할 때는 해석하거나 판단하지 말고 상대의 언행을 그대로 반영해 주며 자기 마음을 얘기해야 한다.

내 마음을 드러내도 아무 문제가 없네요!

정 대리는 약간 흥분된 상태로 얘기를 이어갔다.

정 대리: 이번 일로 과장님의 마음을 알게 된 것도 좋았지만 가장 좋았던 것은 제 걱정과 다르게 질문을 해도 된다는 걸 알게 된 것이었어요.

나 　: 좀 더 구체적으로 얘기해 주겠어요?

정 대리: 저는 주로 제가 다른 사람의 말을 알아서 판단하는 것이 좋다고 생각했어요. 그래야 눈치가 있다고 생각해서요. 어렸을 때 "눈치 없다."는 말을 자주 들었거든요. 그런데 제가 그럴 필요 없이 내 마음도 얘기하고 궁금한 건 상대방에게 물어보면 되겠다고 생각하니 무거운 짐을 던 느낌이에요.

나 : 무거운 짐을 던 느낌이시군요.

정 대리: 네, 그동안 저는 이런저런 눈치를 보며 상대방의 마음에 들
        려고 노력하며 살았던 것 같아요. 제가 그렇게 노력을 했는
        데도 상대방이 저를 좋아하지 않는 것 같으면 화가 났어요.
        미워지고요. 그래서 비난하고 공격했던 것 같아요. 그런데
        그러면 더 사이가 나빠졌어요. 이제 "당신의 관심과 사랑이
        나에게 중요해서 이런 일이 나에겐 힘들었다." 이렇게 말할
        수 있을 것 같아요. 그게 정말 제 마음이잖아요.

나 : 네, 정말 훌륭하세요. 그렇게 하시면 됩니다. 그러면 상대방
     도 자기 마음을 보면서 또 표현하게 됩니다.

정 대리: 네, 그러면 상대방도 저에게 더 우호적이라는 것을 느꼈어
        요. 제가 이제 사람들과 좀 더 잘 지낼 수 있을 것 같아요.

정 대리는 사람과의 관계에서 인정받고 사랑받기 위해 많이 애
쓰고 살아온 사람이다. 다른 사람이 어떤 마음인지 미루어 짐작하
고 상대방의 눈 밖에 나지 않으려고, 인정받고 사랑받고 싶어 눈치
를 총동원하며 안간힘을 써왔다. 그런데도 상대방이 자신을 마음에
들어 하지 않으면 자신의 노력이 보상받지 못하는 것 같아 슬프고
좌절감을 느껴 화가 났다. 이런 마음을 비난과 공격으로 표현하여
갈등이 생기는 일을 반복해 왔다. 정 대리는 이번의 경험을 통해 혼
자서 상대방의 마음을 추측하고 해석하려 애쓰는 대신 자신의 마음

을 표현하고 상대의 마음이 어떤지 물어보되, 상황을 묘사하여 상대방이 공격받는다는 느낌 없이 물어보면 되겠다는 생각을 하게 되었다. 혼자서 북 치고 장구 치며 힘겹게 살던 삶에서 자신의 마음을 드러내고 상대의 마음을 물어보는 낯설지만 가벼운 길로 들어서게 되었다.

4단계: 내 행동에 대한 상대방 반응 물어보기
- 애인을 구속하던 정민 씨 이야기

먼저 내가 왜 이런 행동을 하는지 본다

꿈의 대화는 내 마음을 얘기하고 상대방의 마음을 듣는 대화다. 3단계까지는 내 마음을 표현하는 것에 대해 다뤘다. 이제 내 말과 행동에 대한 상대방의 마음을 듣는 단계에 이르렀다. 내 말과 행동에 대한 상대의 반응을 듣는 것을 피드백을 받는다고 한다. 피드백을 받을 수 있으려면 앞에서 얘기한 단계들을 거칠 수 있어야 한다. 먼저 포커스를 자신에게 돌려 먼저 내가 왜 이런 행동을 하는지 보고 내 마음을 표현한 뒤 피드백을 받는다.

Chapter 2에서 평소에는 쿨한데 연애만 하면 남자친구에게 집착하는 정민 씨 얘기를 했다. 반복되는 전화와 추궁으로 남자친구와 오래가지 못했던 정민 씨. 정민 씨의 일방적이었던 관계가 어떻게 피드백을 받는 관계로 바뀌어 가는지 살펴보자.

상담을 통해 정민 씨를 알고 난 뒤 나는 정민 씨가 남자친구와 오랜 기간 만나려면 일방적인 관계가 아닌 피드백을 받아야 한다고 얘기했다.

나　: 남자친구에게 정민 씨가 그렇게 할 때 어떤지 물어보면 어떨까요?

정　민: 뭘 물어보라는 말씀이신지?

나　: 정민 씨가 남자친구가 무엇을 하는지 확인하고, 연락이 안 되면 화를 내고, 전화를 한 번 하면 1~2시간씩 하는데, 이에 대한 남자친구의 생각이 어떤지요.

정　민: 그런 것을 물어봐요? 연인은 다 그렇게 하는 것 아닌가요?

나　: 다른 사람들도 다 그렇게 하는지 물어본 적 있나요?

정　민: 아니요. 다 그런 것 같던데…… 저만 해도 제가 뭘 하는지 다 말하거든요.

나　: 정민 씨는 자신이 뭘 하는지 남자친구에게 다 말하는 이유가 있나요?

정　민: 우리는 특별한 사이이니까요. 특별한 연인이니 서로 24시간 무엇을 하는지 알아야 하는 것 아닌가요?

나 : 연인은 24시간 무엇을 하는지 서로 알아야 한다고 생각하는군요.

정 민: 그렇죠. 서로에게 비밀이 없어야 하죠.

나 : 남자친구가 무엇을 하는지 모르면 어떤가요?

정 민: 불안하죠. 저하고 연락이 안 되면 화가 나요.

나 : 뭐가 불안한가요?

정 민: 글쎄요…….

정민 씨의 이러한 행동은 애착 욕구가 활성화되어서 그렇다. 앞에서도 얘기한 것처럼 자기와 특별한 관계에 있는 사람과 관계를 유지하고자 하는 욕구가 애착 욕구인데 아이와 엄마와의 관계가 대표적이다. 앞에서도 언급했던 것처럼 그동안 애착 욕구는 유아와 어린이 단계에서 주로 다루어져서 성인의 애착 욕구는 다뤄지지 않았다. 그러나 성인도 아이와 마찬가지로 애착 욕구를 가지고 있다. 애착 대상과 좋은 관계일 때는 애착 욕구가 채워져서 편안하고 행복하지만 그렇지 않으면 애착 욕구를 채우기 위해 애착 유형별로 다양한 방법을 구사한다. 정민 씨는 최근 자신이 참석하고 있는 모임에 남자친구를 오라고 했는데 남자친구는 오지 않았다고 했다.

정 민: 저는 남자친구에게 도움이 될 것이라고 생각해서 그 모임에 가자고 했어요. 그런데 가지 않더라고요. 자기 생각해서 얘

기하는데 '왜 안 오지?'라고 생각했지요.

나 : 남자친구가 그 모임에 가고 싶다고 하던가요?

정 민: 아니요. 별로 가고 싶지 않다고 하더라고요.

나 : 그 모임에 대한 남자친구의 생각은 어떤지 물어보았어요?

정 민: 제가 너무 좋다고 같이 가자고 하는데 특별한 이유를 얘기 하지 않으면서 가고 싶지 않다고만 하던데요. 정말 도움이 될 텐데 안타까웠어요. 사람들은 자기에게 꼭 필요한 모임 을 소개해도 가지 않는 경우가 많더라고요.

이 말은 포커스가 상대에게 가 있는 말이다. 남자친구가 모임에 가려면 남자친구의 마음이 동해야 갈 수 있다. "내가 하고 있는 모임이 있는데 당신에게 도움이 많이 될 것 같다. 당신 생각은 어때?"라고 물어보아야 한다. 내가 원한다고 바로 하자고 할 것이 아니라 상대가 어떻게 생각하는지 피드백을 받아야 한다. 지금은 남자친구보다 정민 씨가 더 그 모임에 끌리고 있어서 남자친구에게도 가자고 하고 있다. 정민 씨는 상대의 필요가 아니라 자신의 필요를 충족시키고 있다. 남자친구가 가기를 원하면 참석하는 것이고 아니면 안 가는 것이 정상인데 남자친구에게 가고 싶은지 아닌지 물어보지 않고 정민 씨 마음대로 가게 만들려고 한다. 그러고는 '저 사람은 자신에게 좋은 모임이 있는데 가지도 않고 왜 저러지?'라고 생각한다.

가까운 남녀 사이에서는 애착 욕구가 활성화되면서 예전에 애착 대상과 분리되었던 경험이 올라오면서 분리불안이 생긴다. 그 상대가 이전의 연인이었을 수 있고 더 깊이 들어가면 어린 시절 주 양육자와의 관계일 수도 있다. 분리불안이 있으면 늘 반복되는 부정적인 감정과 생각, 행동의 고리가 있다. 스스로에 대해 '나는 사랑받을 만한 사람이 아니다.'라고 생각하고 '내가 저 사람보다 못하다. 저 사람이 사랑받을 만한 사람이다.'라고 생각하며 몰두하고 집착한다. 내 마음은 어떤지 나는 무엇을 원하는지, 내 모습이 어떤지는 생각하지 못하고 '저 사람은 나를 어떻게 생각할까?'에만 몰두하는 것이다. 자존감이 낮을수록 '사람들이 날 좋아하지 않을 거야. 날 예뻐하지 않을 거야.'라는 생각에 사로잡혀 상대방에게 집착하며 자신을 불안하게 하는 상대방이 문제라고 생각한다. 정민 씨는 불안정 애착으로 애착 욕구가 채워지지 않을 때 그것을 채우기 위해 상대방을 쫓아가고 잔소리를 하고 공격한다.

내 마음을 얘기하고 상대방에게
"나는 이런데 너는 어때?"라고 묻기

정민 씨가 자신의 이런 애착 욕구를 알아차릴 수 있다면 남자친구에게 다르게 말할 수 있다. 이렇게 말이다. "○○ 씨, 나는 자기가 어디에 갔는지 모르는 상태에서 나와 연락이 안 되면 마음이 불안해. 무슨 사고를 당한 것은 아닐까 염려도 되고 나를 떠나갔나 싶어 불안하기도 해. 그러니 되도록 어디에 있는지 알려주고 연락이 잘 됐으면 좋겠어. 그렇게 해 줄 수 있어? 내 말에 대해 어떻게 생각해?"

나 : 남자친구에게 이렇게 말해 보시면 어떨까요?

정 민: 상담사 님, 저는 그렇게 말하는 것이 너무 어려울 것 같아요. 어색해요.

나 : 정말 어색할 것 같아요. 그렇지만 정민 씨가 남자친구와 오랜 동안 좋은 관계로 남아 있으려면 이런 시도가 필요하지 않을까요? 한번 해 보시면 좋겠네요.

정 민: 네…… 저도 필요하다고 느껴요. 한번 해 볼게요.

정민 씨가 남자친구에게 "어디를 갔었냐? 무엇을 하고 다녔냐?" 라고 추궁을 하는 것과 이렇게 자신의 마음을 얘기하는 건 완전히 다른 대화 방식이다. 정민 씨가 자신의 마음이 어떠한지 얘기하며 자신이 원하는 것을 요청하면 듣는 사람도 자신의 마음을 보게 된다. 그동안 정민 씨가 자신을 구속한다는 생각이 많았던 남자친구는 정민 씨가 불안한 마음에서 벗어나고 싶어서 그랬다는 것을 알게 되면서 그동안 짜증나던 마음을 털어 버릴 수 있다. 아울러 정민 씨를 배려하는 입장에서 자발적으로 어디를 가는지 알려 주고 싶은 마음이 들 수도 있다. 아울러 자기 마음을 표현하며 "네 생각은 어때?"라고 피드백을 요청하면 아주 존중받는 느낌이 든다.

다음 주 정민 씨가 빙그레 웃으며 상담실로 들어선다.

나 : 남자친구에게 말해 보셨나요?

정 민: 네. 너무 어색했지만 한번 해 보았어요.

나 : 뭐라고 말씀하셨어요?

정 민: 주말에 저하고 또 연락이 안 됐어요. 계속 전화를 했는데 연락이 안 되더라고요. 그래서 문자를 남겼어요. 상담사 님이 말씀하셨던 대로 "오빠하고 연락이 안 되니까 무슨 사고가 났나 싶어 불안해. 시간될 때 연락해 줬으면 좋겠는데, 해 줄 수 있어?"라고요.

나 : 참 잘했네요. 말하기 어색하다고 했는데 남자친구는 어떻게 반응했어요?

정 민: 오빠가 연락이 왔는데 저한테 "무슨 일 있느냐?"고 묻던데요.

나 : 무엇 때문에 그렇게 물어본 걸까요?

정 민: 아마 제가 평소와 다른 문자를 보내서 그랬겠죠.

나 : 평소에는 어떻게 문자를 보내는데요?

정 민: "도대체 왜 연락이 안 돼? 어디야? 정말 짜증난다." 뭐 그런 내용으로 보냈었죠.

나 : 바뀐 문자를 보고 남자친구가 뭐라던가요?

정 민: "내가 연락이 안 돼도 너무 불안해하지 마. 나 괜찮아. 무슨 일 있으면 너한테 제일 먼저 알릴게."라고 하더라고요. 오빠 가 이렇게 말을 하는데, 다른 때하고 조금 느낌이 달랐어요. 좀 조심스러워하는 것 같고 그랬어요.

나 : 오빠가 다른 때와 다르게 말한 것이 어땠어요?

정 민: 음…… 절 존중하면서 조심스럽게 말하는 것 같아서 기분이 좋았어요. 그리고 저더러 불안해하지 않아도 된다고 해서 마음이 편안해지더라고요.

나 : 네, 어색해서 말로는 못했어도 비난하고 공격하는 대신 문 자로 자신의 마음을 말하니 남자친구의 반응도 이전과 달라 졌네요. 정민 씨는 남자친구의 어떤 반응이 더 좋던가요?

정 민: 당연히 이번 경우가 좋았죠. 저를 존중한다는 생각이 들더 라고요.

나 : 네, 다음에 만나면 내가 그렇게 하니까 어땠느냐고 남자친 구의 피드백을 받으면 좋겠네요.

정 민: 네, 저도 궁금해요.

정민 씨가 비난하고 공격하는 대신 자기의 마음을 표현하며 남 자친구의 피드백을 원하자 반응이 달라졌고 정민 씨는 바뀐 남자친 구의 반응이 더 좋다고 했다.

내 말과 행동에 대한 상대의 의견 묻기

다음 주 정민 씨는 상담실에 와서 남자친구의 반응을 들었다고
했다.

나 : 남자친구에게 피드백을 받았나요?

정 민: 네, 받았어요. "내가 지난주에 그동안 보낸 문자하고 다른
　　　문자를 보냈는데 어땠어?"라고 피드백을 요청했죠. 그랬더
　　　니 처음에는 무슨 일이 난 줄 알고 걱정하다가 저와 통화하
　　　고 안심했다고요. 그리고 그렇게 자기 생각이 어떤지 물어
　　　줘서 좋았다고요.

나 : 네, 남자친구에게 자기 말과 행동에 대해 처음으로 피드백
　　　을 받아 봤는데 정민 씨는 어땠어요?

정 민: 저는 상담사 님이 해 보라고 하신 대로 제 마음을 얘기하며
　　　해 줄 수 있는지 묻는 문자를 할 때 참 어색했어요. 그런데
　　　그런 문자를 보내고 나서 오빠가 보이는 반응이 낯설면서도
　　　좋았거든요. 그래서 이번에 오빠에게 피드백을 받아보라고
　　　하실 때도 기대가 생겼어요. 막상 오빠가 좋다고 하니까 저
　　　도 너무 좋았어요. 그동안 왜 이런 것을 몰랐을까 하는 생각
　　　이 많이 들 정도였어요.

나 : 무엇이 좋았어요?

정　민: 이전에 제가 짜증내고 화내는 문자 보낼 때는 오빠가 저를 귀찮아 한다는 느낌이 들었거든요. 이번에 제가 새로운 문자를 보내고 통화를 할 때 오빠가 저를 조심스럽게 대한다고 할까, 소중하게 여긴다고 할까, 그런 느낌이 들었는데 그게 아주 좋았어요.

나　：네, 정말 좋았을 것 같아요. 내 마음을 얘기하면 그 얘기가 부정적인 마음이라 해도 상대는 공격당한다고 생각하지 않습니다. I-Message의 힘이죠. 내가 불안하고 힘들다고 하는 거지 상대방을 공격하는 것이 아니니까요. 오히려 당신이 이렇게 해 주면 내 그런 부정적인 감정이 없어질 것 같다고 그렇게 해 줄 수 있느냐고 물어보기까지 하니 얼마나 존중받는 느낌이 들겠어요?

정　민: 네, 오빠가 존중받는 느낌이 들었던 것 같아요. '그동안 오빠가 내 뜻대로 하기만을 바랐구나. 오빠 마음도 중요한데……'라는 생각을 하게 됐어요. 이번에 피드백을 요청하는 말을 하면서 오빠를 존중하고 소중하게 여겨야겠다고 생각했어요.

나　：네, 아주 중요한 점을 잘 캐치하셨네요. 훌륭합니다.

정민 씨는 이제 새로운 관계 맺기로 들어갈 준비가 되었다. 자기의 마음을 표현하고 피드백을 받는 새로운 경험을 했다. 이를 통해 상대방을 존중하고 본인도 존중받는 정서적 경험을 했다. 처음 한 번의 정서적 경험이 아주 중요하다. 한번 해 보면 어색한 마음이 줄 어든다. 그렇게 한 번, 두 번 하다 보면 익숙해지고 습관이 되고 그 런 삶을 살 수 있게 된다. 물론 이렇게 되기까지 원 상태로 돌아가 는 느낌이 들 때도 종종 있을 것이다. 당연하다. 해 보지 않던 것을 시도하다 보니 잘 안 될 때도 있고 하기 싫을 때도 있다. 이런 진퇴 의 과정을 거치면서 계속 시도하면 어느덧 꿈의 대화에 익숙해진 자신을 발견할 수 있게 될 것이다.

5단계: 정서가 이끄는 꿈의 대화, 과정이 필요하다

대화는 힘 있는 사람이 아니라 정서가 주도한다

내 마음을 표현하고 상대방의 마음을 알아주는 꿈의 대화는 많은 사람들에게 익숙한 대화가 아니다. 정민 씨처럼 이런 방식의 대화가 가능한지조차 모르는 경우가 많다. 누군가와 대화를 하고 만족스러우면 상대방이 좋아지고 친하고 싶은 마음이 든다. 반대로 대화가 만족스럽지 못하고 싫었다면 관계를 지속하려는 노력을 하지 않게 된다. 다른 사람들과 연결될 때는 감정이 중요한 역할을 한다. 좋은 감정이면 사랑을, 나쁜 감정이면 미움을 느낀다. 정서적 대화는 사랑과 미움을 전달하는 중요한 통로가 된다.

우리는 대화를 할 때마다 관계를 맺는다. 정서적 대화가 없이는 친밀함을 느끼는 것이 불가능하다. 그래서 삐걱거리는 관계를 회복하고 싶다면 정서를 드러내야 한다. 사람들은 관계가 회복되기는 바라면서 감정을 드러내지 않는다. 감정은 말 못하면서 회복되고 싶어 한다. 감정을 말할 때 내가 원하는 것이 드러난다. "좋아. 싫어. 두려워. 불안해."와 같은 말에는 욕구가 들어 있다. "이렇게 하고 싶어. 저렇게 하고 싶어."와 같은 욕구에는 내가 어떻게 행동하겠다는 방향도 담겨 있다. 정서에 관계를 움직이는 나의 욕구와 행동의 방향이 들어 있다. 우리의 욕구가 정서를 통해 드러나게 된다. 정서를 어떻게 표현하느냐에 따라, 또 이 표현에 어떻게 반응하느냐에 따라 상호관계가 달라진다.

어머니와 사이가 좋지 않고 바람을 피우는 아버지에게 불만이 쌓여 있지만 아버지에게 그 말을 하지 못하는 딸이 있다. 아버지는 바람을 피우고 어머니를 힘들게 하지만 집안에서는 왕처럼 군림하고 있다. 가끔 자신의 사회생활이나 결혼에 대해 이야기를 하는데, 이럴 때마다 딸은 아버지가 너무 싫다. 그러나 딸은 이런 마음을 아버지에게 표현하지 않는다.

아버지: 너는 요즘 만나는 사람 없니?

딸　 : 네.

아버지: 이제 결혼할 때도 됐는데 남자도 만나고 해야지.

딸　：(아버지 같이 바람피우는 사람 만나면 어떡해요?) **별로 생각이**
　　　없어요.

아버지: 여자는 조신하고 예쁘게 하고 다녀야 남자들이 좋아한다.
　　　너는 맨날 바지나 입고 다니고 이제부터는 여성스럽게 하고
　　　다녀라.

딸　：(아버지는 그래서 어머니 속을 썩이는 거예요?) 네, 알았어요.

딸은 아버지가 하는 말이 '가증스럽다'고 느껴진다. 어서 아버지
와의 대화를 끝내고 싶어 건성으로 알았다고 한다. 딸의 입장에서
이런 대화는 대화가 아니다. 아버지와 딸의 마음이 전혀 연결되어
있지 않다. 갈등을 일으키고 싶지 않아 아버지가 원하는 대답을 할
뿐이고 속으로는 아버지를 전혀 받아들이지 않고 있다. 이 경우 오
히려 갈등이 유발되어도 이렇게 마음을 표현하면 아버지와 딸은 아
버지와 딸로 연결될 수 있다.

아버지: 너는 요즘 만나는 사람 없니?

딸　：네.

아버지: 이제 결혼할 때도 됐는데 남자도 만나고 해야지.

딸　：아버지, 저는 엄마가 아버지와 살면서 힘들어 하는 것을 많
　　　이 봐서 결혼하기가 두려워요.

아버지: 네 엄마가 뭐가 힘들다고 그러니? 내가 월급을 안 가져다

줬니? 때리기를 했니?

딸 : 아버지는 가장으로서 가정에 돈은 주셨지만, 여자 문제로 엄마 마음을 많이 아프게 하셨잖아요. 저는 그것을 보면서 결혼하고 싶지 않았어요.

아버지: 너도 알고 있었니?

딸 : 다 알죠.

아버지: 부부 일은 부부만 아는 거다. 내가 여자 문제가 있긴 했지만 그랬다고 네 남편도 그럴 거라는 생각은 잘못된 거다. 남자는 여자하기 나름이니 네가 남편을 따뜻하게 잘 대해 주면 안 그럴 수도 있다.

딸 : 그럼 아버지는 엄마가 따뜻하게 안 대해 줘서 그러신 거예요?

아버지: 아까도 얘기했지만 부부 일은 부부만 아는 거다. 네가 자식이니 내가 다 얘기할 수는 없지만 엄마가 따뜻하게 대했다면 나도 덜 그랬겠지.

이런 대화는 부모와 자식 간에 금기시하던 것이 드러나는 위험한 대화다. 딸이 아버지에 대한 공격이 아니라 자신의 마음을 표현함으로써 위험한 대화가 안전해지면서 서로의 마음을 알 수 있게 된다. 딸의 "결혼하기 두렵다." "엄마 마음을 아프게 하셨잖아요. 그것 때문에 결혼하기 싫었어요."와 같은 말은 정서적 표현이다. 이런 말을 듣는 아버지는 곤혹스럽다. 아버지로서는 자식에게 얘기하고 싶지 않은 부분이 드러났지만 그것 때문에 딸이 결혼에 대한 마음이 없다고 하니 대화를 이어가게 된다. 부녀가 서로 마음에 걸리는 것이 있으면서도 마음이 연결되는 대화를 하게 된다.

이렇듯 정서를 표현하면 마음이 연결된다. 마음을 알 수 있게 해 주는 것이 정서이기 때문이다. 아버지는 부모로서 딸이 결혼해서 잘 살기 바라고, 딸은 어머니와 아버지가 잘 살기 바라는 마음이 깔려 있는 정서적 대화다. 부부 간, 부모와 자식 간에 사랑이 충족되지 못해 서로 통제하게 된다. 통제를 한다고 해결이 되지 않는다. 사랑이 충족되어야 해결된다. 그러려면 소통이 되어야 한다. 정서적으로 연결하는 것이 정서적 의사소통이고 정서적으로 연결이 되어야 관계가 회복이 되고 친밀감이 생긴다. 친밀감이 생기면서 가치 있는 사람이라고 느끼고 스스로 '난 괜찮은 사람이지.'라는 자신감도 생긴다. 내 감정을 표현하고 상대방에게 반응하는 상호작용을 하면서 관계를 회복할 수 있다.

사람들은 대화를 하며 힘이 누구에게 있느냐에 관심을 둔다. 힘있는 사람이 대화를 이끈다고 생각하기 때문이다. 그러나 대화를 주도하는 것이 힘 있는 사람처럼 보이지만 실은 두 사람 혹은 여러 사람 사이에 깔린 정서가 대화를 이끌어 간다.

꿈의 대화는 과정이 필요하다.
처음엔 잘 안 되는 게 정상이다

꿈의 대화는 한 번에 되지는 않는다. 거쳐야 할 단계, 과정이 있다. 상담실에서는 자기 마음을 인식하고 표현하던 내담자들이 현실 상황에서는 그렇게 하지 못한다. 여전히 이전에 하던 대로 나를 보지 않고 상대방에게 포커스를 맞추며 내 마음을 얘기하거나 원하는 것을 얘기하는 대신 비난하고 공격한다. 그러다가 순간 '아, 내가 그렇게 상담을 받았는데 안 되는구나.'라고 생각하며 좌절한다. 그런데 사실은 이게 정상이다.

대화를 잘하려면 마음을 읽는 것이 필요하다는 것을 알고 마음을 읽어야겠다고 생각하지만 사실 마음을 잘 읽지 못한다. 마음을 읽지 못하면서 살아왔고 상담을 통해 마음을 읽어 주는 과정을 한 번 거쳤을 뿐이다. 제일 먼저 내가 마음을 못 읽고 있다는 것을 알아차리는 것이 중요하다. 대화를 하면서 '아, 내가 마음을 읽으려고 했는데 안 되는구나. 내가 마음을 읽지 못하는구나.'를 자각하는 것이 첫 번째 단계. 일반적으로 이 부분을 생략하려 한다.

나는 이 단계에 이른 정민 씨에게 이런 말을 한다. "마음을 읽어 주는 일이 해결책입니다. 그런데 그러려면 먼저 자기가 마음을 잘 못 읽는다는 것을 인식하는 것이 첫 번째 단계입니다. 지금은 안 되지만 나중에 됩니다. 할 수 있습니다. 지금으로선 안 되는 것을 인식하는 것이 되는 과정으로 가는 길입니다."

마음을 읽는 게 잘 안 되는 것이 정상이니 잘 안 되더라도 괜찮다. 잘 안 될 것이라는 걸 알고 있으면 실패를 해도 '에이, 나는 안 돼.'라며 좌절하지 않고 오히려 오래 갈 수 있다. 다른 사람들은 잘하는데 자신만 잘 못하고 있다고 생각하면 무너지기 쉽다. 실패를 거듭 하다 보면 어느새 마음을 읽고 있는 자신을 발견하게 될 것이다.

마음을 읽는 것뿐 아니라 마음을 표현하는 것도 처음부터 잘 되지 않는다. Chapter 3에서 남자에게 좋아하는 마음을 말하지 못하던 혜리 씨의 사례를 소개했다. 혜리 씨는 자신이 그동안 마음을 표현하지 못했다는 것을 알고 바로 이렇게 말했다.

혜　리: 그러면 내가 좋아하는 마음을 표현을 해야겠네요. 말을 하
　　　　지 않으면 내 감정을 모를 테니까요.
　나　: 그렇죠. 말을 해야 알겠죠. 그런데 좋아하는 사람에게 좋아
　　　　한다는 말을 할 수 있으시겠어요?
혜　리: 아니요, 어려울 것 같아요. 그래도 말을 해야 제 마음을 안
　　　　다면 해야 하지 않을까요?
　나　: 그런 말을 해 본 적이 없는데 말을 할 수 있을까요? 해 본
　　　　적이 없으면 잘 못하는 게 자연스러운 것 아닐까요?

혜리 씨가 상대 남자에게 좋아한다는 말을 할 수 있었으면 했을 것이다. 할 수 없으니 못한 것이다. 혜리 씨는 '내가 좋아한다는 말을 못하는 사람이구나.'라고 자신을 수용하지 않고 '내가 그동안 못했어? 그러면 해야지!'라고 하면서 못하던 것을 바로 잘하려고 한다. 불가능한 것을 가능하게 하려고 한다. 이렇게 하면 제대로 되지 않는다. 먼저 그동안 속마음을 말하지 못했던 나를 수용해 주어야 한다. '아, 내가 좋아하는 사람에게 좋아한다는 말을 못했구나.'라는 것을 인지하고 '그래도 괜찮아!'라고 자기를 수용해 주는 것이다. '내가 마음을 말 못하고 살았네. 그러니 이제 해 봐야지!'가 아니라 '그래, 내가 할 수 있었으면 했겠지. 그럴 만한 이유가 있었던 거야.'라고 자기를 수용해 주는 작업이 선행되어야 한다. 그렇게 나를 수용해 주고 '내가 말을 안 해서 상대방이 모르는 것인데 나는 그 사람이 몰라 준다고 생각했구나.'라고 알아차리는 작업이 그다음이다.

나 : 혜리 씨는 불가능한 것을 가능하게 하려는 것을 알고 있어요?

혜 리: 네? 무슨 말씀이세요?

나 : 속마음을 말하지 못하는 나를 알아주지 않고 자꾸 속마음을 말해야 한다고 생각하고 있네요. 할 수 있겠어요?

혜 리: 잘 안 되겠지만 내가 얘기를 하지 않으면 상대방이 모르니 어려워도 말을 해야 한다고 생각하는 거죠.

나 : 할 수 없으니 못한 건데 그것을 하려고 하는 거예요.

혜 리: 네, 저는 제 마음을 얘기하는 것이 참 어려워요.

나 : 네, 저라도 혜리 씨 같으면 속마음을 얘기하기 어려웠을 것 같아요. 표현하지 못하던 것을 표현하려면 서툴고 어색한 과정을 거쳐야 합니다. 처음부터 잘 되지 않아요. 그랬다면 그동안 표현을 했겠죠. 속마음을 얘기하지 못하는 나를 수용하고, 그럴 수밖에 없었던 합당하고 타당한 이유를 찾아가는 게 먼저 진행되어야 합니다.

혜 리: 그런가요? 제가 그럴 수밖에 없었던 합당하고 타당한 숨은 이유가 있어서 그랬다니 제 마음도 편해지네요.

나 : 네, 그렇습니다. 마음을 표현하지 못하는 나를 먼저 보아야 합니다. '내가 내 마음을 드러내는 것을 못하는구나.'가 되어야 합니다. 그게 먼저 되어야 내 마음도 표현할 수 있게 됩니다. 그런데 보통 '못하는 나'를 수용하지 못하고 '못하면 안 되지! 그러니 해야지.'라고 생각합니다.

혜 리: 네, 저도 그렇게 생각했어요. 그게 해결책이라고 생각하니까요.

나 : 해결을 하려고 하면 오히려 해결을 할 수가 없습니다. 그게 그동안 취했던 방법이에요. 그런데 어떻게 되었어요? 해결은 안 되고 나는 더 힘들어졌어요. 내가 '못하는 나'를 수용하지 않고 불가능한 것을 가능하게 하려고 하면 우울해집니

다. 해결을 하려고 할 것이 아니라 내가 잘하지 못했던 것을 인정하고 '그래도 괜찮다.'고 수용해 주고 그럴 수밖에 없었던 타당한 이유를 발견하면서 자신을 이해하면 됩니다. 스스로를 수용해 주면 편안해지면서 힘이 생겨 그동안 하기 어려웠던 이야기도 할 수 있게 됩니다.

정서중심 대화를 하기 위해서는 마음을 표현할 수 없었던, 그럴 수밖에 없었던 합당하고 타당한 숨겨진 이유를 알아차리고 확인하는 과정이 필요하다. 세상의 수많은 혜리 씨들은 부모님이 자신의 감정을 수용하지 않았던 과거로 돌아감으로써 자신이 감정을 잘 표현하지 못했던 타당한 이유가 있었음을 보고 자신을 수용하는 과정이 필요하다. '내가 그랬던 것은 당연하네. 충분히 그럴 만해. 잘 못해도 괜찮아.'라고 스스로를 다독여 주는 과정을 거쳐야 한다. 그동안 못하던 것을 바로 잘할 수는 없다.

마음을 읽으려면 지속적으로 자신의 과거 속, 심리 내면으로 들어가야 한다. 그 속에서 자신의 정서적 트라우마(애착 손상)로 인한 이슈와 지금의 관계를 연결해야 한다. 자신의 과거를 보는 것, 즉 정서적 트라우마를 다루는 것이 고통스러워 많은 내담자들이 '이만하면 됐다.'며 다시 안 보고 싶어 한다. 자신이 받고 싶었던 사랑과 지지, 공감을 받지 못했던 과거로 돌아가는 일은 힘든 일이다. 그러면 나는 "그럴 수 있지요."라며 지지하고 공감해 준다. 나의 지지와 공감을 받은 내담자는 다시 자신의 과거와 직면할 힘이 생긴다. 이 과정을 생략하면 '내 마음 읽기? 해 봐도 안 돼. 그렇게 하면 좋은 줄 누가 모르나? 근데 안 돼서 그렇지.'라고 하며 아예 마음 읽기를 포기해 버릴 수도 있다. 덮어 두고 싶었던 상처를 보고, 잘 못하는 나를 수용해 주는 작업을 계속 해야 한다. 안 되는 과정, 정서를 표현 못하는 기간, 정서를 드러내면서 야기되는 상대방과의 충돌, 이런 과정을 거쳐야 한다.

내담자들에게 본인이 마음을 읽지 못하고 있음을 인정하라고 하면 화를 낸다. 마음을 읽어 주는 것이 해결책이라고 했는데 마음을 읽어 주지 못한다고 인정을 해 버리면 '나는 이 문제를 해결하지 못하겠구나.'라는 생각에 두려움에 빠져 인정하기 싫어하는 것이다. 그래서 '내가 처음에는 잘못할 것이다. 시간이 걸릴 거다.'라는 것을 알고 있어야 한다고 얘기해 준다. 내가 안 될 것이라는 것을 알고 있으면 여러 번 실패해도 갈 수 있는 힘이 생긴다.

자신의 마음을 보지 못하며 상대에게 포커스를 맞추고 비난하고 공격하거나 회피하는 방식으로 되돌아 가는 모습도 그대로 수용해 준다. '하던 대로 돌아가는 것이 당연하지. 그래도 괜찮아.'하면서 말이다. '이렇게 하면 가망 없어.'라고 하는 것이 아니라 '그동안도 애썼고 지금도 애쓰고 있구나. 못해도 괜찮다.'라고 수용이 되면 더 잘 갈 수 있다. 이 작업을 계속 해야 한다. 이렇게 수용이 되면 힘이 나서 더 잘 가게 된다.

나를 비롯해 대부분의 상담자는 내담자가 이 과정을 거칠 때 지지하고 직면하는 두 가지를 다 섞어서 반응해 준다. "지금 아주 잘하고 있어요. 잘 될 거예요."라는 지지와 "마음 읽기가 안 되고 있네요. 그런 자신을 아시나요?" 하는 직면 반응을 다 사용한다. 내담자에게 지지만 하면 너무 속도가 느리다. 현실은 상담실처럼 온실과 같을 수 없기 때문에 되지 않는 나를 직면시켜야 상담실 밖에서 잘되지 않을 때도 계속 해 나갈 힘이 생긴다. 내담자가 힘이 좀 생긴 것 같으면 이렇게 직면을 하면서 현재의 관계를 힘들게 하는 자신의 과거를 보고 상처를 보게 한다.

상담자의 이러한 수용과 지지와 직면 과정을 통해 긍정적 정서 경험을 한 내담자는 정서와 관계를 연결해 자신의 마음을 점점 더 잘 읽게 된다. 일정 시기가 지나면 상담실 밖에서 혼자서도 자신의 마음을 읽고 표현할 수 있게 된다. 젖을 먹던 어린아이가 바로 걸을 수는 없다. 단계를 거치면서 자신의 마음을 표현할 수 있게 된다. 마음 읽기와 표현하기가 일상적이 되면 정서중심 대화, 꿈의 대화도 일상적인 대화가 될 수 있다. 꿈의 대화가 가능해진다.

참고문헌

성혜옥(2011). 친밀감이 부부갈등의 벽을 허문다(개정판). 서울: 예영커뮤니케이션.

Bradshaw, J. (2006). 가족(Bradshaw On: The Family, rev ed.). 오제은 역. 서울: 학지사.

Johnson, S. M. (2004). *The Practice of Emotionally Focused Couple Therapy: Second Edition Creation Connection.* New York: Brunner-Routledge.

Johnson, S. M. (2008). *Hold Me Tight: Seven Conversations for a Lifetime of Love.* New York: Little Brown and Company.

Johnson, S. M. (2010). 날 꼬옥 안아 줘요(Hold Me Tight: Seven Conversations for a Lifetime of Love). 박성덕 역. 서울: 이너북스.

Marrone, M. (2005). 애착이론과 심리치료(Attachment and Interaction). 이민희 역. 서울: 시그마프레스.

저자 소개

성혜옥(Sung, Hye Ok)

현재 미담상담센터를 운영하고 있으며, 건강한 관계를 위해 사람들 간의
상호작용을 돕는 정서중심 부부·가족치료 전문가다. 간호학을 공부한 후
초등학교 보건교사로 재직하는 동안 둘째 아들을 하늘나라로 보내고 신
학의 길에 들어서게 되었다. 목회 현장에서는 고통받는 영혼을 치유하고
회복하는 목회자이며, 상담실에서는 상처받은 내담자들과 함께하며 그들
의 아픔을 어루만지는 따뜻한 마음을 가진 상담가다. 한국상담학회와 한
국목회상담협회 수련감독이다.

장로회신학대학교 신학대학원에서 교역학 석사(M. Div.), 장로회신학대학
교 일반대학원에서 목회상담학 석사(Th. M.)와 목회상담학 박사(Th. D.) 학
위를 받았다. 2000년에 영도교회에서 목사 안수를 받고, 10년간 전도사,
부목사, 선임목사로 목회사역을 하였으며, 현재 11년째 거룩한 빛 광성교
회에서 새가족을 섬기고 있다.

저서로는 『친밀감이 부부갈등의 벽을 허문다』(개정판, 예영커뮤니케이션, 2011)가
있다.

가짜 대화에서 진짜 대화로
꿈의 대화, 정서중심 대화
From False Conversation to Genuine Conversation:
Emotionally Focused Therapy

2018년 4월 20일 1판 1쇄 발행
2024년 1월 25일 1판 3쇄 발행

지은이 • 성 혜 옥
펴낸이 • 김 진 환
펴낸곳 • (주) **학지사**

04031 서울특별시 마포구 양화로 15길 20 마인드월드빌딩 5층
대표전화 • 02) 330-5114   팩스 • 02) 324-2345
등록번호 • 제313-2006-000265호

홈페이지 • http://www.hakjisa.co.kr
인스타그램 • https://www.instagram.com/hakjisabook

ISBN 978-89-997-1532-7 03180

정가 14,000원

출판미디어기업 **학지사**

간호보건의학출판 **학지사메디컬** www.hakjisamd.co.kr
심리검사연구소 **인싸이트** www.inpsyt.co.kr
학술논문서비스 **뉴논문** www.newnonmun.com
원격교육연수원 **카운피아** www.counpia.com